真
故
TRUMANSTORY

真实打动世界

了不起的甲骨文

李右溪 著

台海出版社

图书在版编目（CIP）数据

了不起的甲骨文 / 李右溪著. -- 北京 ： 台海出版
社，2025.1. -- ISBN 978-7-5168-4033-7

Ⅰ. K877.1-49

中国国家版本馆CIP数据核字第2024FH4329号

了不起的甲骨文

著　　者：李右溪

责任编辑：王　萍　　　　　　　　策划编辑：邵博文　果旭军
版式设计：李　一　　　　　　　　封面设计：介末设计

出版发行：台海出版社
地　　址：北京市东城区景山东街 20 号　　　　邮政编码：100009
电　　话：010-64041652（发行、邮购）
传　　真：010-84045799（总编室）
网　　址：www.taimeng.org.cn/thcbs/default.htm
E - mail：thcbs@126.com

经　　销：全国各地新华书店
印　　刷：北京中科印刷有限公司
本书如有破损、缺页、装订错误，请与本社联系调换

开　　本：889 毫米 ×1194 毫米　　　1/32
字　　数：200 千字　　　　　　　　印　　张：8.5
版　　次：2025 年 1 月第 1 版　　　印　　次：2025 年 1 月第 1 次印刷
书　　号：ISBN 978-7-5168-4033-7
定　　价：72.00 元

甲骨文里的世界

现在回想起来，我和甲骨文的渊源来自两堂课。

第一堂课是在大学的时候。

我本科学的是汉语言文学专业，当时大二有门课叫古代汉语，我至今还记得老师在课上给我们讲"暮"字的场景。

殷老师一头利落的短发，瘦瘦高高，是一个充满热情的山东女子。她不仅学术做得好，课上得也有意思，讲到兴起之时经常是表情和肢体一齐发力，逗得全班忍俊不禁。

她说有些汉字很霸道，比如"莫"其实才是"暮"的本字，而"莫"甲骨文写作𦱦，"从日在草中"，非常形象，就是日隐于丛草之中的样子。她喜欢引用许慎的话，而且一定是一边说一边兴奋地给我们比画着。只是后来"莫"被借用作了否定代词、否定副词，又久借不还，为了有所区别，就只好在表示日落意思的"莫"下面，加了个意符"日"。

那堂课之后，太阳从草莽间落下的甲骨文"暮"字，就深深地印在了我的脑海里。我们的汉字是如此形象，且有着自己的一套严密的逻辑体系，不同文字之间也常常彼此互相关联。而如果想要了解这一切，源头就在甲骨文。

于是，我的笔记本上开始出现各种汉字演变的信息。那时我常常觉得，了解每个汉字的过去，就好像破案，是在历史的长河中细细摸索、抽丝剥茧，直到最终破解那个谜题。

毕竟，每个汉字都有属于自己的真相。

殷老师喜欢引用的那个汉代文字学家许慎，就是破解这类"案件"的鼻祖。在《说文解字》中，他根据篆文和一些当时的古文字形，总结了六种汉字造字方法，分别为象形、会意、指事、形声、假借、转注（也有人认为假借和转注不是造字法，而是用字法）。这六种造字法被称为"六书"，几乎能涵盖所有汉字的来源，对甲骨文也同样适用。

象形是根据物体的形象描绘成文字的造字方法。物体长什么样，那些字便长什么样。比如日（☉）、月（☽）、山（⛰）、水（〰）一类的字，看到他们的甲骨文写法，恐怕不认识汉字的外国人和小孩，也能猜出大半来。

指事字指的是在象形的基础上，添加抽象符号创造出的字。最典型的就是汉字"上""下"，看甲骨文字形就更形象了，⌣（上）、⌢（下），"上"字是在大地之上画了个符号，表示在上；"下"字则是在大地之下画了个符号，表示在下。可这样的话看起来实在是太像数字"二"了，容易搞混，于是人们后来就在符号旁边又加了一竖，上、下这才成了我们熟悉的样子。

会意指的是通过组合两个或几个不同的字形，来表达新的意义。比如"从（𡘋）"字，就是一个人跟着另一个人；"休"字，看甲骨文会更形象，𣏟，就像是一个人倚靠在树上休息的样子；还有"男（𤰔）"字，由"田（田）"和"力（𠠬）"组成，表示男子在田中卖力劳动的情形，展现古代社会对男性角色的认知。类似的字有很多，有点像在看连环画，一幅画表达的意思有限，几幅画一组合，能表达的东西就丰富起来。

虽然很多人习惯说汉字是象形文字，但其实汉字并不完全是象形的，其中也有很多纯粹表示读音的部分。我们一般把汉字中表示意义的部分称作意符、形符或形旁，表示读音的部分称作声符或声旁。形声字指的，就是由形符和声符组合而成新的文字。

比如淋雨的"淋"字，左边的三点水表示这个字的意义和水有关，右边的"林"则表示这个字的读音；还有烤火的"烤"字，左边的"火"表示烤的意义和火有关，右边的"考"在字中则纯粹表读音。

再比如清、情、晴、请、蜻……这些字都以"青"为声符，想要表示水的清澈，就在旁边加上三点水；想要表示心中的情感，就在旁边加上竖心旁；表示阳光的晴朗，加上日字旁；表示礼貌的言语，加上言字旁；表示一种昆虫，加上虫字旁……一组字就这么简洁而又有规律地呈现在眼前。

用这样的方式造字简单又便捷，现在我们的汉字中超过 90% 的字，都是形声字。

所以，小时候我们读字读半边也是有道理的，汉字里头就是有专门表音的部分，只不过因为汉字的读音随着历史发展不断变化，导致一些字的声符读音和字本身不一样了，才会闹出一些读错字的笑话。

假借指的是借已有的音同或音近的字，来代表所想表达的字或意。因为总有些概念过于抽象，难以用文字表现，这时假借就派上了用场。比如前面提到的否定副词"莫"，就是借用了本来表示日落的"莫"字。还有其实的"其"，也是借用了本来表示簸箕的"其（⊠）"，而真正表示"簸箕"义的那个字，则只能加上竹字头以示区别，因为古代的簸箕常常用竹子编成。

转注一直以来有些争议，根据许慎的意思，指的应该是稍微改变一个字的字形，以表达新的意思。比如小和少，"小"字甲骨文写作⼩，以几个小点来表示小的意思，而"少"呢，⼩，在"小"的基础上加了一笔，以表达数量少的意义。整个过程没有造新字，也没有借用字，只是在一个字的基础上做了些许改变。

象形、会意、指事、形声、假借、转注，在了解了这些汉字的造字方法和一些甲骨文知识后，我才真正体会到了汉字的魅力。每个汉字都不是一个个简单的符号，背后都有一段属于它自己的生命轨迹。

因为古代汉语课上的那个"暮"字，我对文字产生了强烈的兴趣，于是后来研究生报考了汉语言文字学专业，选择了甲骨文方向。

没想到学了没多久，就有点后悔。当时甲骨文还被称作冷门绝学，学的人少，学习的资料、教材都极度缺乏。入门书《卜辞通纂》是1933年写的手写体、繁体、竖版，基本每读一句都要查很多资料，常常一下午只能看一页，有时还看得云里雾里。那一届只有我一个甲骨文学生，遇到问题也不知和谁讨论，就只能攒一攒，每周跑去问一次导师，有时一攒能攒出快两页纸的问题。

好几次，我都被"难"到怀疑自己的选择了。

直到，那堂课来了。

当时每周二或周四的下午，我的导师陈年福，会在他的客厅兼办公室，为我和师妹们"开小灶"讲甲骨文。

客厅在顶楼，阳光充沛，陈老师每次都会在茶几上为我们泡好一杯红茶，准备几盘水果。记得第一次上课的时候，陈老师在电脑屏幕上为我们展示黑白色的甲骨拓片，语重心长地说，要对这些甲骨文字保有敬畏之心，要知道这些文字都是我们几千年前的祖先一笔一画刻下的。当时有被老师严肃认真的神情所感染，但也没多想。

直到后来有一次，陈老师讲到一片甲骨上的刻辞。

那条甲骨刻辞是这样写的：☗☗☗☗（《花东》11）。刚开始看到这四个文字，我们几个学生都蒙了。

陈老师说这句话应该翻译成："橛椿鼛鼙"（ jué zhuāng yuān péng ）。其中"橛"字是他的考释成果。

🌳（橛）字的上面部分是甲骨文里的"木"字，下面是木头的横截面，很形象，木头旁边还有点点木屑。🌳（椿）的下面部分也是甲骨文里的"木"字，上面部分是"春"，一双手拿着一个工具正在捶捣的样子。🥁🥁（鼛鼙）是两种鼓的象形，在这里指的是像打鼓一样的声音。整句话是说：人们敲打木桩，发出打鼓般的声音。那意境就好像《诗经·七月》里的那句"二之日凿冰冲冲"。

讲到这里，陈老师很兴奋，他说这句话应该是占卜者在完成贞卜活动之后，忽然看到河边平地间打桩的热闹场景，是即兴抒写的，这是甲骨文中少见的非卜辞的文辞，恐怕也是现存最早的一句描写劳动场面的诗。

那天下午，坐在陈老师家阳光充沛的客厅沙发上，听着来自千年前的淳朴诗句，思绪似乎也随着这些甲骨文字，回到了那个古老的时代，看见人们正在林子中砍伐木材，在河边打桩建屋，看见占卜者望着眼前的这一劳作景象，情不自禁刻下"🌳🌳🥁🥁"四个字。想到这里，我脑海里突然回想起了老师在第一节课上说的那句话，"要对这些甲骨文字有敬畏之心"。那是第一次，我从甲骨文中看到了一幅幅历史切片，敬畏感就这样在心中扎根。

我自觉在研究方面愚笨，学习过程中总有很多痛苦难解的时候。可慢慢地，我发现自己开始从学习研究甲骨文的过程中获得乐趣，尤其每次有所新知新解，总会欣喜万分，足以抵消前面的那些纠结痛苦。

甲骨文是商朝时刻在龟甲、兽骨上的文字，除了少部分记事，大部分都是关于占卜的记录，数量多达十几万片。商朝时候，许多地方会给商王进奉龟甲，这些龟甲经过专门的处理、打磨、钻凿后，就可以用作占卜。占卜时，卜官会用烧热的荆条抵在甲骨上被钻凿过的地方，这些部位比较薄，受热后便会"卜"的一声爆出裂纹。商朝的人就根据这些纹路，来判断所卜之事的吉凶。占卜结束后，人们总会把占卜的内容刻在甲骨上。所以，甲骨文也被称为卜辞。

那时先民们对世界的认识还十分有限，不管遇到什么事，总爱先向上天占卜问一问。生病了会不会好？明天会不会下雨？出门会不会遇到危险？王打猎会捕获多少猎物？……内容涉及商朝社会生活的方方面面。

也因此，我们能从甲骨文里，看到一个丰富多彩、活灵活现的商朝世界，真实的，多样的，颠覆的，耀眼的……

后来我因为一些原因，没有继续从事研究工作，阴差阳错地走上了科普甲骨文的道路。科普工作让我有了一些不一样的视角和思路，在探究了许多甲骨文和商朝考古资料后，我有了些全新的认识，也有了将这些认识写成书的想法，于是就有了这本《了不起的甲骨文》。

在这本书中，我将以甲骨文为线索，从饮食、出行、住所、服饰、教育、婚姻、医疗、工作、音乐、艺术、军事、丧葬、祭祀十三个方面，为大家展现一个不为人知的商朝社会。

甲骨文是一个神奇的文本，它向我们展示了许多事物最早是如何产生发展的，它背后隐藏着一个时代的生活图景和思维方式，那里有我们祖先对生的渴望，对美的追求，有着朴素的纯粹与可爱，有着我们至今仍能共鸣的喜怒哀乐，也有着一种原始的欲望，一种天真的残忍。

　　透过古老的甲骨文，我看到了人类是怎样从动物性中逐渐萌发出人性，人们以家族的力量对抗外界伤害，在残酷的世界中，保留了少许动物般的野性与残忍，也生发出了人性的种种情感与羁绊，丰富的社会体系与文明基础一点点被建立起来……

　　希望能从这些了不起的甲骨文中，让大家看到一个有血有肉的商朝，看到我们中华文明的年少时光。

目 录

商朝人的居住条件怎么样？

商朝人打扮得有点前卫

商朝男女的恋爱与婚姻

在商朝，学生都学些什么？

商朝的打工人们

商朝人怎么治病？

可爱又热烈的动物艺术

能歌善舞的商朝人

商朝人怎么打仗？

商朝人怎么看待死亡?

商朝人为什么爱祭祀?

参考资料

商｜鸟纹方卣（yǒu）｜美国克利夫兰艺术博物馆藏

卣是流行于商周时期的盛酒器具，常用来盛放用郁金草和黍酿制而成的高档酒。

商｜青铜簋（guǐ）｜美国大都会艺术博物馆藏

簋，甲骨文写作𣪘或𣪘，是商朝的青铜食器兼礼器。商人在饮食上已经很讲究，会将不同的食物放在不同的器皿中。肉食盛在一种叫"豆"的食器中，而谷物类饭食，则盛在簋中。

商后期｜镶嵌松绿石兽面纹匕｜台北故宫博物院藏

匕是餐匙一类用于进餐的器具，甲骨文写作𠤎。商朝除了匕，还有筷子、叉子、杷、勺、斗等餐具。

商晚期 | 青铜斝（jiǎ） | 美国芝加哥美术馆藏

斝，甲骨文写作𣆶，商朝用来温酒的酒器，也被用作礼器。

商 | 大理石圆雕人像 | "中央研究院"历史语言研究所藏品

商｜父乙甗（yǎn）｜台北故宫博物院藏

甗是商朝的一种蒸食器，甲骨文写作⿳。如字形所示，甗分上下两部分：下面是鬲，用于盛水和加热；上面用来盛食物，称为甑，甑底有镂空的箅子，方便蒸汽通过。

商晚期至西周早期 | 崇阳铜鼓 | 湖北省博物馆藏

在甲骨文里，鼓写作𣛢，像是手拿着鼓槌正在敲鼓的样子。崇阳铜鼓是我国目前所见最早的铜鼓，也是国内保存的唯一一件商代至西周早期的铜鼓。

商晚期 | 析子孙母鬲 | 台北故宫博物院藏

鬲是商朝的一种炊器，甲骨文写作 ，字形和考古出土的青铜鬲简直一模一样。鬲的三个足是空心的，像三个袋形腹，可以直接灌入水或汤。这样的设计增大了它与火的接触面积，让食物能够更快地加热。

商后期｜亚醜方鼎｜台北故宫博物院藏

鼎在商朝是烹煮食物的器皿。鼎甲骨文中有很多种写法，像是 昇、骨、昇、昇、昇、昇、昇，等等，可见商朝鼎形制的丰富。有圆形三足两耳的，有方形四足的，连足上的装饰物也要在字里面表现出来，有的每只脚上带着一个纹饰，有的甚至带两三个，像是带着某种对自己独特精美青铜鼎的骄傲，颇为可爱。

商｜青铜铙｜美国大都会艺术博物馆藏

铙是商代十分流行的一种青铜打击乐器，形制上和钟很像，小的可以直接手持，大的一般就固定在一个座上，演奏起来声音低沉，余音悠长。

商晚期 | 鸟纹戈 | 台北故宫博物院藏

戈，商朝一种常用的兵器，甲骨文写作十，竖的一笔是长长的木质戈柄，顶端安着戈头，使用时可以像锄头那样凿击敌人，也可以像镰刀那样用割杀的方式。

商早期｜兽面纹扁足鼎｜台北故宫博物院藏

商｜鸮矛头｜美国克利夫兰艺术博物馆藏

矛是商朝时期常用的一种长柄武器，一根长杆连接着尖锐的矛头，主要用于刺击。图中的矛头上铸有一只鸮，这在商朝出土的文物中十分常见。除了鸮、燕、鹤等鸟类，牛、羊、猪、兔、鹿、大象等动物的元素，也经常被融入商朝的器物之中。

龟甲刻辞｜《花东》1991HD-H3-1467｜中科院考古所安阳工作站藏

兽骨刻辞 | 《村中南》 HDN-02H57-43 | 中科院考古所安阳工作站藏

商 ｜ 亚醜钺 ｜ 山东博物馆藏

钺是一种大斧类兵器，甲骨文写作𠃌或者戉。钺在战场上使用不太有优势，多用在行刑的时候，慢慢便发展为权威的象征。甲骨文里的"王"字写作太，就是斧钺的象形。在商朝，这样的斧钺象征着王权。

酒池肉林与粗茶淡饭

　　司马迁在《史记》中用"以酒为池，悬肉为林"
来形容商王帝辛，也就是为人熟知的纣王的王宫生活。
后来经过一些文学、影视作品的渲染，"酒池肉林、
奢靡无度"似乎成为很多人对商朝晚期王室的印象。

　　事实是否真是如此？商朝王宫的饮食水平究竟如
何？普通平民百姓又是怎样吃饭的？

　　我们可以通过甲骨文透露的信息来还原一下。

甲骨文里的餐具

鼎

鬲

目前发现的甲骨文里，和食物相关的字至少有几十个，一些字如 𩜿、𥁕、𥃹、𩠐、𠰼、𥃉、𧲲、𧰨、𦥑 等，为我们生动展现了当时诸多炊器、食器的形制。

我们最熟悉的鼎，是烹煮食物的器皿。甲骨文里鼎的字形有很多，𣂪、𣂷、𣂻、𣂺、𣂸、𣂼、𣂵，这是因为商朝时文字仍处于早期的形态，不同时期不同人刻写，细节常有不同之处，对一些微小的、不影响认字的细节并没有那么在意，关键部件统一就行。

上面列举的鼎的甲骨文字形，可见商朝鼎形制的丰富。有圆形三足两耳的，有方形四足的，连足上的装饰物也要在字里面表现出来，有的每只脚上带着一个纹饰，有的甚至带两三个，像是带着某种对自己独特精美青铜鼎的骄傲，颇为可爱。

另一种经常用来当作炊器的是鬲，甲骨文写作𥁕，体积相对较小，材质除了青铜，还有陶制的。鬲虽不像鼎那样总是精美华贵，作为礼器摆在宗庙之中用于祭祀，但它以实用取胜，让普通百姓的烹饪变得更加便捷。

鬲的三个足是空心的，像三个袋形腹，可以直接灌入水或汤。这样的设计增大了它与火的接触面积，让食物能够更快地加热。考古出土的青铜鬲，和甲骨文里的"鬲"字简直一模一样。

食物做好后，就要盛出来装盘。甲骨文中有很多字，能让我们看到当时食器的样子。像，其实就是"豆"字。《说文解字》说："豆，古食肉器也。"就是说豆最初是一种用来盛放肉食的器皿。

豆

作为植物的豆，是秦汉以后才有的用法，那之前豆类被统称为菽。《诗经》里面多处提到"菽"，指的就是大豆，比如《诗经·小雅·采菽》里的"采菽采菽，筐之筥之"，描述的就是当时的人采摘大豆的景象。

簋

商人在饮食上已经很讲究，将不同食物放在不同器皿中。肉食盛在"豆"中，而像黍、粟、稻、粱等饭食，就盛在簋中，甲骨文写作，就像是簋中盛满了食物，满得堆出了尖顶的样子。簋还有写作的，在旁边加上了一些小点来表示食物的馨香。

吃饭当然还要喝酒，甲骨文中留下很多表示酒器

爵

斝

壺

食

即

餐

的字，比如爵（ ）、斝（ ）、壶（ ）等。

饭菜做好，酒杯斟满，那就开始吃了。甲骨文中也留下了很多描摹具体吃饭场景的字。

首先是"食"字。甲骨文写作 。下面部分就像是装满了食物的盛器簋，上面部分是一个朝下的口（也有人认为是器盖），有的字形中间还有两点来表示唾沫星子，俨然一副津津有味进食的样子。

当簋中装满了食物，一个人靠近跪坐于前准备进食，这就是即使的"即"字，甲骨文写作 。"即"在古文献里有"就食"的意思，也有"靠近"的意思，原因就出在它的造字本义上。

甲骨文里的"飨（ ）"字，是两人面对面跽（jì）坐于地，对着高足食器准备进食的样子。还有个非常形象的甲骨文 ，就像是一个人跽坐在编席上。

这些文字和先秦文献中的记载正好对上了。关于筵席，《礼记·乐记》里提到："铺筵席，陈尊俎。"铺上筵席，摆上酒器和俎案。《周礼》也提到"司几筵"，也就是摆放几案和筵席。

我们可以想象，商朝时还没有桌椅，吃饭时人们会在地上铺一张席，跽坐于地，这也是为什么商朝食器酒器多数都有高高的足。不过一些有身份地位的贵族，宴会时也会设置俎、案，靠着俎、案而食。

我们再来看"饱"字，甲骨文写作 。左下角是盛满食物的簋，右边部分是勹（bāo），像人侧面俯身、蹲伏之形，作声符同时表义。"饱"的整个甲骨文字形，就像是人吃饱饭后正给簋盖上盖子的样子。许慎在《说文解字》里说，"厌，饱也"。正好能和甲骨文字形对上，厌食即为饱，盖上盖子不想再吃了也就是饱。

酒足饭饱后，该离席了，于是有了"既"字，甲骨文写作 。簋中装满了食物，旁边一个人吃完饭打着饱嗝转身离去。这也是为什么"既"最初是"食毕"的意思，后来才引申出"完成"之意。

这样的例子还有很多。文字学的奥妙便在这里，一个字有什么意思从不是凭空而来，背后是文化，是社会，是观念，是历史。

这些文字与文物交织的信息，不断向我们描绘着3000多年前商朝人民"吃"的日常。就这样，原本模糊的商人生活图景，逐渐在我们眼前清晰起来。

饱

既

甗

曾

商朝平民都吃些什么？

甲骨文里对时间的划分已经比较细密，光出现过白天的时称用法就有二十多个，按顺序可排列为：（早）、旦、日出、朝、晨、大采、大食、羞中日、中日、昃、郭分、小食、小采、入日[1]，等等，其中大食和小食就是当时的人吃饭的两个时间段。

据推算，大约在上午7—9点，商朝人迎来了一天中的第一餐，也是最重要的一餐，这一餐被称为大食。日出而作日落而息的商朝百姓，在大食前很可能已经忙碌过一阵子，此时的他们早已饥肠辘辘。

平民做饭多用陶鬲，将柴火放在陶鬲的三足中间，在鬲中加水、加小米，也就是粟，这是商朝平民最重要的主食，类似我们现在的粥。

如果吃腻了煮的，可以用甗（yǎn），也就是最早的蒸锅，蒸着吃。甗甲骨文写作，如字形所示，甗分上下两部分：下面是鬲，用于盛水和加热；上面用来盛食物，称为甑，甑底有镂空的算子，方便蒸气

---

1 黄天树.殷墟甲骨文白天时称补说 [J]. 中国语文，2005(5).

通过。甗最初写作"曾"，甲骨文字形是⿱，下面一个"田"，上面一个倒"八"形。这个"田"当然不是田地的意思，而是指中间有孔的箅子。"八"指的是上升的蒸气，非常形象。

一些重要的日子，人们可能会在鬲中放上一些肉，多是自己饲养的牲畜，主要是鸡或者猪一类，再采摘一些野菜加入烹煮。这是在商朝很流行的羹。

甲骨文中留下很多描述具体食物的字，比如⾍、⾍、⾍、⾍、⾍、⾍、⾍、⾍、⾍。寥寥几笔，为我们描画出了当时商人各种吃食的样子。

有颗粒饱满的粮食，例如⾍就像是"禾"垂穗的样子；有新鲜的蔬果，如⾍，木下有口，表示可食用的果子，这是"杏"字；再如⾍，直立的树上带着刺，这是"枣"字，枣树多刺。

有各种肉，比如牛（⾍）字像一个牛头的样子，羊（⾍）字就是一个羊头的样子；豕（⾍）是大肚子短尾巴的样子，犬（⾍）就是瘦肚子长尾巴的样子。古人在造字的时候，抓住了这些动物最鲜明的特征。

为了让食物更美味，还需要放一些调味料。只是当时的可选项比较少。甲骨文里没看到盐字，但经常

禾

杏

枣

牛

羊

豕

犬

能看到 ⬧，这是"卤"字，和繁体字"鹵"颇有一点相像。

卤

《说文解字注》说："盐，卤也。天生曰卤，人生曰盐。"就是说卤是一种天然盐。甲骨文里还记载了商朝有专门的盐官"卤小臣"，来负责卤盐相关管理工作，可见卤盐在当时已经比较重要。

石

除了盐，还能加点酒增香，喜欢吃酸的可以加点梅，喜欢吃甜的可以加点蜜糖。可惜的是，商朝人还尝不到辣的滋味。不过考古发现，当时已有花椒的使用，只是更多还是作为香料。

另外比较遗憾的是，咱们现在最流行的炒的烹饪方法，当时也还不存在。最早记录炒菜做法的是南北朝的《齐民要术》，里面记载了炒鸡蛋的做法。

不过，甲骨文里有这样一个字 ⬧，左下角是甲骨文里的"火"字，像是火苗在燃烧的样子；右上角是甲骨文里的"石"字，本写作 ⬧、⬧（甲骨文里字形左右朝向比较自由），有时简省为 ⬧、⬧。于省吾先生认为，这个 ⬧ 就是"煮"字最初的样子，整个字像是火在烧着上方的石。

古人以火烧石，石头烧热后就可以炙熟食物，这大概是我们祖先比较早期的一种烹煮手段。类似的烹饪方法其实仍然使用着，只不过技艺有了提升，还出现了不少专业名词。比如先秦文献里的"燔、炙、炮、烙"，就都和用火烧烤有关，在商朝应该是蒸煮以外最常见的烹饪方法。

酒

食物准备完毕后，人们便在地上铺上几张席子，围成一圈跪坐于地，将鬲里的食物盛放到陶簋中。一家人就在"大食"之中开启了新的一天。

商朝普通百姓每天的常食是两餐制，"大食"过后便是"小食"，时间大约在15—17点。小食不像大食那样过后便是漫长的劳动，所以一般会吃得比较简单。

如果碰到重要的祭祀节日，一些有条件的人家还会斟一壶酒，小酌一杯以解多日劳累。

甲骨文中表示"酒"的字有很多种，如 、 、 、 、 。字形参考不同的酿酒容器，细节有所区别，但形制大都是倒三角、尖底带盖的样子。这样的设计使得酿酒过程中，酒里的杂质都能沉淀在尖底之中。

当然，商朝酒的度数远没有我们现在蒸馏酒那么高，当时的酒多是发酵酒。平民们最常喝的一种酒应该是用粟，也就是小米酿的粮食白酒。

另外还有稻米酿制的浊甜酒，名为醴，《说文解字》说："醴，酒一宿孰也。"这是一宿就可以酿制成的米酒。做法类似我们现在的酒酿。

根据考古发现，当时的酿酒作坊里，人们还用桃李或枣酿制果酒，用草木樨制作药酒。[1]

只不过，酒是商朝王公贵族常见的饮品，但对许多平民来说却算是奢侈品。

平日里粗茶淡饭的，遇上重要的礼仪、祭祀，趁着祭祀祖先神灵的机会，才得以好好犒劳下自己。商朝人恐怕会十分羡慕我们现在人的伙食吧。

贵族们的宴席

前面我们已经说到，在商朝，饮食不仅关乎填饱肚子，更与礼仪息息相关。比如祭祀的时候，食物的准备和贡献就是很重要的一个环节。

王宫内的祭祀尤其盛大庄严。那些青铜器不仅仅是盛装食物的器皿，更是身份地位的象征，也是和祖先神沟通的礼器。在商朝，祭祀举行的频率很高，消耗的祭品数量是令人难以想象的。

---

1 宋镇豪．商代社会生活与礼俗 [M]．北京：中国社会科学出版社，2010：146.

普通祭祀所用的祭品多在个位数或两位数。火烧几头羊、几头牛，剖杀几头猪或者犬的献祭方式，经常出现在卜辞中。

有时还会使用之前田猎得到的珍禽异兽，比如麋鹿之类。有一条甲骨卜辞，甚至记载了曾有人上贡了七只老虎，作为祭祀祖乙的祭品。

丁亥卜，鯀入七虎于祖乙，[正]？二告。（《甲骨文合集》[1]1606）

这句卜辞的意思是：丁亥日占卜，鯀贡入七只老虎祭祀祖乙，适合吗？二告指的是什么，由于缺乏信息，目前还没有定论。有人认为这是指和神的第几次沟通。二告，说明已经是第二次占卜询问了。根据卜骨的信息，商人有时候对同一件事会多次占卜询问，因此这一观点是有一定可信度的。大概也是为了反复确认以增加准确性吧，就像我们在做一些重要决定的时候，也总要反复斟酌。

少数重大的祭祀，祭品数以百计。比如有条卜辞里记载了一场十月的祭祀，就使用了一百只羊、一百只犬和一百头小猪。可见当时用于祭祀的场所有多大，场面有多壮观。

贞：肇丁用百羊、百犬、百豚？十月。（《合集》15521）

---

1 以下简称《合集》。

寮

如果我们亲临现场，一定会被当时庄严肃穆的气氛所感染。

青铜礼器皆是金黄色的外表，如太阳般的金色光辉象征着神圣与尊贵。最前方可能摆放着数尊大鼎，鼎中正煮着一些羊、狗和猪肉，后面也许整齐陈列着许多俎案，俎案上按类别依次摆着各种切割处理过的肉。

有一些祭牲，会以火烧的形式献祭给天帝，也就是甲骨文里的米（寮）祭，字形就像是架起木材堆燃烧的样子。除此以外，还有活埋、沉河、剥皮、取血等多种可能会用到的献祭方式。

重要的祭祀，商王还会从上次打仗抓来的俘虏里选取几个作为献祭品。这些人被称为人牲。献祭有着各种方式，比较常见的是割下他们的头颅。殷墟的一座贵族墓葬里出土了一件铜甗，里面就装着一颗人头。

不过也不是所有俘虏都是这个下场，也有的俘虏没有被献祭给祖先，而是成了奴隶。奴隶中一些比较能干的女子成了贵族的妾，一些相对出色的男子能成为管事的小臣。

在祭祀中，酒往往也是不可或缺的存在。祭祀用的酒必是最好的，常用的酒有醴，甲骨文写作醴，左边是酒器，右边是束茅。这是指用束茅把渣滓过滤后的醴，也就是清醴，类似于我们现在澄清的米酒。

还有一种常用于祭祀的酒叫作鬯，这是用香料郁金草和黍酿成的酒，据说香气芬芳浓郁。黍是一种优质黏米，种植相对更难，产量也偏少，故商朝贵黍贱粟，黍是贵族才能享用的粮食，用黍经年而酿成的鬯更是贵族专属，可以说是当时最高档的酒。[1]

祭祀时盛装鬯的容器，常用一种名为卣的精致青铜酒器。根据祭祀规模的不同，一次祭祀要用掉的鬯从一卣到百卣不等，一卣可以容纳 2 斤到 3 斤酒。

下面这条卜辞就是说，在过去不久的乙酉日，用一百卣鬯、一百个羌人以及三百头羊，作为祭品，来向大丁、大甲、祖乙祭祀祈福。

丁亥卜壳贞：昔乙酉备旋御……[大丁]、大甲、祖乙百鬯、百羌、卯三百 [牢] ？（《合集》301）

祭祀用物准备完毕后，庄严的器乐声随即响起，巫师跳起通灵的舞蹈，祭祀之礼正式开始。商王虔诚地向自己的祖先祷告，请求他们享用子孙献

1 宋镇豪 . 商代社会生活与礼俗 [M]. 北京：中国社会科学出版社，2010：142—145.

燕

上的美食与好酒，祈求他们降下好运，祛除灾祸。

祭祀完毕后，一部分祭品或燃烧或埋葬，一部分祭品移置于庭，商王在此处设宴将祭品与众人分食。

学者们认为，氏族首领在祭祀后把祭食分给族人共食，宴席就是在这样的祭祀礼仪中发展而来的，后来慢慢地演化成祭神祭祖的活动一定伴随着筵宴仪式。

这样的礼仪习俗，从几千年前一直传到了今天。现在很多地方仍保留着类似的习俗，在一些特定节点，聚集亲友共同祭祖，然后一起吃席分食祭品。

商朝的宴会，入席的有男子也有女子。甲骨文里的这条卜辞"贞：乎妇井以燕？"（《合集》8992），说的就是让妇井来参加宴会。

其中，"燕"在甲骨文里的字形，就像是一只燕子张嘴展翅向上飞的样子，只不过因为"燕"和"宴"字音相近，于是不管是在甲骨文里还是古文献里，都经常用"燕"，来指宴会的意思。

根据甲骨卜辞记载，商朝的贵族妇女能做将军打仗，能参政，部分还能有自己的封地。有权力有财产自然就有地位，能参加宴会也就不奇怪了。

贵族们一般凭案而食，宴会往往伴随着音乐，有时还会有舞臣轮番起舞。甲骨文里的"舞"字，就像是人用各种不同舞具跳舞的样子，有 等。

人们时而欣赏表演，时而交谈，时而进食。想吃肉的时候，可以用匕，甲骨文字形写作 ，这是一种长条扁形的餐具；还可能辅以刀来进行切割，甲骨文里的刀字写作 ，就像是一把小刀的样子。

想喝汤的时候，可拿起一旁的勺或者斗，它们和我们现在的汤匙差别不大。想吃主食，也可以用匕，这可以说是商朝用得最多的餐具之一了。另外根据考古出土，当时还有筷子、叉子等餐具，只不过用得不如匕、柶、勺、斗多。

一场大碗喝酒、大口吃肉的宴会将会持续很久，而这样的宴会对于商王来说频率不会太低。

一方面是因为商朝的祭祀活动实在太频繁，另一方面是根据甲骨文记载，商王还会不时地宴请家人联络感情，比如"食多子？"（《英藏》153 反），就是讲要宴请自己在各个封地的孩子；也会宴请文武近臣、外方来宾来拉近关系，比如"贞：翌乙亥赐多射燕？"（《合集》5745）这条卜辞，卜问的就是下一个乙亥日，是否要宴请多位射手。

宴席之外，商王的一日两餐，虽然免去了繁复的礼仪、音乐和舞蹈，但也从不缺肉和酒。当时王宫内对肉和酒的需求是很大的。

在商朝，做厨师是一个好职业吗？

商朝的荤腥类食物和我们现在其实相差不多，主要是牛、羊、猪、犬、鸡、鱼等。那这些我们现在想做好都不容易的食物，商朝人能烹煮得好吃吗？不要小瞧了商朝人的厨艺，当时的烹饪手法已经很多了，甚至已经发展出一套理论。

《吕氏春秋·本味篇》里就曾记载商朝名臣伊尹的烹饪理论，比如说制作美食首先要熟知原料的自然属性："夫三群之虫，水居者腥，肉獲者臊，草食者膻。臭恶犹美，皆有所以。"

大概意思是说，三种类型的动物，水里的会有腥味，吃肉的会有臊味，吃草的会有膻味，这些食物都有不好的味道，但都能做成好吃的佳肴，这是有原因的。食物都有特殊性，了解食材，才能"对症下药"，这说的是透过事物看本质的重要性，也是美食界的"因材施教"。

他还说烹饪的用火也很讲究，不能违背用火的道理："五味三材，九沸九变，火为之纪，时疾时徐。灭腥去臊除膻，必以其胜，无失其理。"

也就是说要了解苦、咸、酸、辛、甘五味和水、木、火三材，经过九次沸腾就要有九次变化，火候很关键，火有时要急，有时要缓。把握好其中道理，这样就一定可以让食物没有腥味、臊味和膻味。

万事万物总有相通之处，很多时候钻研透了一件事，就能看明白许多事。伊尹就是例子，看事物的本质，注重变化，注重调和，这讲的是烹饪又不全是烹饪。

可见，商朝人对烹饪必是有研究的，其中不乏一些非常优秀的厨师。

负责祭祀饮食的厨师在当时还是个非常体面的官职，不像后代那样只是个不足轻重的御膳房主管。毕竟在宗教祭祀发达的商朝，饮食和礼息息相关，负责祭祀饮食的人也是负责礼仪的人，他们往往还参与国家行政事务和军务，是个权力很大、地位很高的官。

有时候，甚至商王自己也以主厨的身份参与祭祀饮食的烹饪。商晚期的青铜礼器"四祀邲其卣"上，就记载了一次商纣王主持烹饪礼仪祭祀先王的过程。[1]

乙巳，王曰：障文武帝乙宜。在召大庭，遘乙翌日，丙午舊，丁未煮。

商纣王在乙巳日这天说："要用宜祭来祭祀文武帝乙。"祭祀在召大

1 李学勤.金文与西周文献合证 [M].北京：清华大学出版社，2023：88—92.

宜

庭举行；在第二天丙午日，他举行了将食物或调料放入炊器的仪式；第三天丁未日，进行了烹饪食物的仪式。

其中提到的宜祭，在甲骨文里也经常出现，"宜"字形写作🅰，像俎案上放置着分解加工过的肉，这是一种把牺牲陈列在俎案上献祭给祖先的祭祀。

甲骨文里还有这样一条卜辞："王其割敝麋"。其中割这个字甲骨文写作🅰，左边像是俎案上放着分解了的肉，旁边是一把刀。这个字的意思可能也与对牲肉的切割加工分类有关。那整条卜辞的意思大概就是说，王亲自解剖了从敝地狩猎来的麋鹿。看来王刀工也是了得。

说了那么多，各位读者应该能深切感受到商朝王宫里对酒和肉的消费量有多大，酒池肉林可能是一种夸张化的说法，但这也是后人对于商朝的反思，接连不断的宴席、礼仪，终日在酒中昏昏沉沉，那国家百姓还能过得好吗？

这样看来，其实咱们每个朝代都在"取其精华，去其糟粕"。商朝有不少礼仪习俗被传承了下来，甚至影响着现在的我们，而那些烦琐无益甚至有害的，就在时间的浪潮中被批判、被冲刷，最终不见了踪影。

穿越 3000 年散个步

如果有人说：今天出门忘记看皇历了。你一定知道，他不是真的在自责忘记看皇历，而是在感叹今天运气不好，诸事不顺。可我们为什么有这样的文化共识呢？

去商代走一圈，看看当时人们的出行情况，我们就能明白为什么我们这么想，为什么我们这么做，为什么我们成了现在这个样子。

"暮"字里的一场场落日

行

商文化分布在黄河中下游、淮河流域和长江中下游流域，中心位置在黄河中下游，也就是现在的河南一带。根据甲骨文、动物学、植物学以及土壤学方面的研究，商代的年均气温要比现在高上 2 摄氏度，气候温暖湿润，降水多，湖泊沼泽多，植被覆盖率高，野生动物种类丰富。[1]

如果我们来到商代，将会看到一幅现在走遍全国各地也看不到的奇幻景象。

都城之中，你可以看到道路四通八达，正如甲骨文。这是"行"字最初的样子，非常形象，就是一个十字路口。甲骨文里把道路称作"行"。

那时的道路虽是泥土夯成，但土质纯净，坚硬细密。你能看到主干道宽阔平直，直贯城门，道路中间微凸，两边稍低，方便雨水淌向两边。临近城门的位置，路土之下还铺着木板盖顶的石壁排水沟，雨后的积水可借由此沟排出。因此小雨过后，路上仍能保持

---

1 孙亚冰，林欢.商代地理与方国 [M]. 北京：中国社会科学出版社，2010：8—9.

干净，不至于泥泞不堪。这 3000 多年前的设计，和我们现在城市道路之下设排水沟的格局已经十分相似。

向四周望去，你能看到行道两旁宫室林立，这些建筑多数低矮，沿着道路向两边层层叠叠地蔓延，也有的高大恰似那甲骨文字，这是"高"字，字形如高台之上垒起的建筑。你也许还能看到形的建筑，这是"京"字甲骨文，刻画的是当时最为宏大的建筑——相连高台上筑起的高大屋室，这一般是帝王居住宫殿的规格，因此，后来帝王宫殿所在的城市往往也被称为京城。

有的道路还设有人行道，漫步在街头，你可以看到大道上车流往来不断。"车"甲骨文写作，车如其字，一根车轴两个轮子，中间竖着的车辕连接着前面横着的车衡，车衡上有夹住马脖子来驱车的车轭。用于乘坐出行的车往往还有精致的车盖。一个车厢一般坐 2 到 3 人，御马陪乘的人在中间和左边，乘者在右。如果你仔细观察，就能看到那车上连御马的鞭子都十分考究，有竹制、木制的，还有金制、铜制甚至玉制的。

路上来往的车一般都是两匹马拉着，马所处的

高

京

车

丙

车辄位置的形状，正像是甲骨文里的"𠆎（丙）"字。[1] 这也是为什么甲骨文里形容马的量词大都为"丙"，"马二丙""马廿丙""马五十丙"，等等。

量词一般是根据物品的一些特点创造出来的。我们说一尾鱼，是因为鱼的尾巴比较有存在感，根据这个特点创造的量词；我们还常说一碗饭，这是根据装饭的容器创造的量词。甲骨文里的"丙"，就是根据马在马车中的位置创造出的量词。

因为当时的车一般是双车辄，一车配两马的形制，于是渐渐又出现了一个新的量词"𠱥（两）"。仔细看便能发现，这是把两个"𠆎"合在了一个字里。

对啊，既然一车多是两马，那直接说"马两"不就是指两匹马吗？西周青铜器铭文上就是这样子表示马数量的，"马两"就是说一对马。后来也用"两"表示车的数量，车一两便是一驾车。《诗经》里就用"两"来作车的量词，"之子于归，百两御之"。

再后来，先人们又在"两"旁边加了个"车"

---

1 汤余惠. 商代甲骨文中的"丙"和"两"[J]. 史学集刊，1991(2).

字旁，来强调这是表示车数量的量词，我们熟悉的"辆"就这样产生了。

除了马拉车，你可能还会看到人力拉的车，那就是辇了。辇长得就像是"辇"字甲骨文所刻画的那样，车的形制不变，只是前面拉车的马换成了人。殷墟考古就出土有类似的人力车。

此外你也许还能看到牛车，牛车的车厢会更大一些，一般用来拉货。根据甲骨文里动不动几十辆牛车的架势，你应该能看到颇为壮观的牛车大队，速度比马车慢得多，徐徐驶过，车中满载着各种各样的货物。

出了城门离开都邑，慢慢往近郊方向走去，就是完全不同的景象了。你能看到草色丰美，树木成荫，能看到河水交错，水鸟在沙洲之中鸣叫，能看到山丘连绵不断，桃花盛开其中，还能看到山谷间溪水静静流淌，石缝中清泉正汨汨渗出。

几千年前的造字者大概正是在这样的景色中，落笔写下了Ψ（生）字，大地之上一株小草破土而生，随风飘摇；写下了栄（木）字，树根、树干、树枝兼备；写下了𣲖（水）字，波光粼粼的河水，仿佛正蜿蜒向前流去；写下了𧰽（山）字，此峰起彼峰落；写

谷

泉

牵

羁

下了 （谷）字，浅浅的水流从山谷口流淌而出；写下了 （泉）字，三面环绕、一面开口的泉眼当中，清泉正往外冒……

涉过浅水再走几步，也许你能路过一个小村落，只见几户人家，几亩农田，有人正牵着水牛在田中劳作。人们用绳牵着牛的样子正如"（牵）"字甲骨文。即"牛"字，古人用两个尖尖的牛角来表示牛。"牵"的字形就像是牛套着缰绳被牵引着的样子。如果你细心查看，说不定还能见到已经灭绝的圣水牛，殷墟出土的亚长牛尊就是圣水牛的样子，牛角圆润，憨态可掬。

接下来，走主干道应该会更安全些。主干道上每隔一段路就会有军事据点，名为"枼（yè）陮（duì）"，是为了保证道路交通的安全而设立的，以免行人遇上强盗、野兽之类。

走这条路，你应该会碰到往来驿站传递信息的人，他们身负重命，总是急匆匆的。你还会路过"羁"，那是商代道路上的旅舍，只不过是专供给贵族们吃饭住宿的。"羁"字甲骨文写作 ，就是马一类的动物被绳子拴在某处的样子。古代的旅店前往往有这么一处地方，专门用来拴放旅人的坐骑，人要吃饭，坐骑也需要休息补给。

如果要往山林深处走，记得带好狩猎的工具，你可能会遇上麋鹿和野兔，也可能会遇上老虎和野猪。等到日暮时分，你还会看到美丽的日落。几千年前的一次次日落，都凝固在"暮"字当中。

暮

甲骨文里"暮"字的写法多种多样，像是太阳落入山林，像是太阳落入草莽，像是太阳落入种满禾苗的庄稼地里……我们伟大的造字者曾在那么多的地方看到了那么多场日落，记录下了这么多形态各异又万变不离其宗的"暮"字。

隹

其中最有意境的还属这个（暮）字，下面的是"隹"字，指的是鸟。日暮时分，太阳没入林间，远处天边血红，近处天光渐暗，众鸟在鸣叫声中徐徐归林，不一会儿便隐没在林间，不见踪迹。这个字，就像是一幅动态画，为我们描绘了一场 3000 年前的林间日落。

舟

出了林子，你可以选择乘坐小舟沿着河流而下。根据甲骨文（舟）的字形推断，商代的小舟是用多块木板组合而成，中间平直，头尾微翘。如果想要速

荡

云

度快一点，可以像"荡（盪）"字甲骨文、、、、刻画的那样，用蒿竿小心翼翼地荡舟而行。

平缓之处，就让小舟在静谧的河中漂流。躺在小舟上，你能看到天空中云卷云舒，那美丽的曲线被记录在了甲骨文（云）字之中，也以云纹的形式铸在了许许多多的青铜器皿之上。3000 多年后的现在，云纹已成为各种图案和工艺品中最常见的元素。

这场穿越旅行中，你肯定能看到很多熟悉又陌生的场景，有惊险有安宁，有感叹有共情。从商代到现在，有些东西日新月异，已变得面目全非，有些东西却斗转星移，始终未变。去 3000 年前的世界走一趟，我们能看到的不仅仅是一个国家的过去，也是千万微小事物的来路。

四个"车"字，两场车祸

商代落后的通信和多样的野生动物，使得出行是一件有风险的事。出一趟远门，一不小心遇上野兽或是强盗，再或者是车祸、沉船，都可能丢掉性命。送行的人本以为是一场短暂的别离，没想到最后竟是天人永别。

面对这危机四伏的出行路，怎么办才好呢？在商代先民的观念中，自然万物皆有神灵，山有山神，河有河神，道路有道神、路神。如果路神能保佑，那出行应该会顺利一些吧？

商王尤其惜命，出行前总要先占卜问问上天的旨意。看这几条卜辞：

丁巳卜 [㫦贞]：或往……有娩？（《合集》7183 反）

贞：或往，亡娩？（《合集》7184）

辛酉卜贞：王步亡灾？（《合集》36372）

己亥卜贞：王省，往来亡灾？（《合集》36361）

丁未贞：王往于田，亡灾？（《合集》557）

其田遘麋，王其射亡灾？（《合集》28360）

这些卜辞说的是，出行会有灾祸吧？出行不会有灾祸吧？王步行出门不会有什么灾祸吧？王外出省察，往来的路上不会有什么灾祸吧？王外出田猎，路上不会遇到什么灾祸吧？猎捕麋鹿的时候，射箭不会有什么灾祸吧？……字字句句都是担忧。

除了王自己，还有一些王比较重视的臣子妻妾，同样会被反复贞问出行的安全。

比如这两条卜辞：

癸卯［卜］□贞：亚［往］来亡灾？（《合集》27928）

庚戌卜䰼贞：亚其往宫，往来亡灾？（《合集》27930）

卜问的是：亚在往来的路上不会遇到灾祸吧？亚要到宫这个地方去，往来的路上不会有灾祸吧？看来亚的地位和能力不一般，所以王格外关注他的安全情况。

有时卜问的结果是吉或大吉，那就可以放心出门了。就像这两条卜辞：

戊申王叀宫田省，亡灾？吉。（《合集》28982）

叀丧田省亡灾？大吉。（《屯南》249）

有时不那么吉，那出行就得多加小心。事先做好预防，同时让神仙帮帮忙。

没错，决定出行后，人们一般会祭祀路神，希望路神能一路保佑，不要在路途之中降下灾害。像这样为出行者祭祀道神的仪式在古代称为"祖道"或者"出祖"[1]，《诗经》《左传》《汉书》等古籍中都有类似的祭仪记录。

"韩侯出祖，出宿于屠。显父饯之，清酒百壶。"（《诗经·大雅·韩

---

1 常耀华.由祖道刻辞说到商代的出行礼俗 [J].甲骨文与殷商史(新一辑),2009.

奕》）中的"出祖"，即为出行的祭祀。"其明年，贰师将军李广利将兵出击匈奴，丞相为祖道，送至渭桥，与广利辞决。"（《汉书》）中的"丞相为祖道"意思就是，丞相为李广利举行祭祀路神和设宴送行的礼仪。

在甲骨文里，这一祭祀仪式一般称作"出俎""尊俎"或"障俎"。"尊"字甲骨文写作，是双手恭敬地捧着酒器的样子。"俎"字甲骨文写作，字形像是俎上放着肉的样子。俎是古代祭祀或者宴会时用来盛放祭品的器具。ᐟ是甲骨文里"肉"的写法；两块肉吕便是虚指许多的、丰富的肉，这也是"多"字的由来。到了篆文，"肉"字增加了纹理，成了ᐤ，就变得和"月"非常相似。这也是为什么肝、胆、脾、肺、肠、胃、肚、脐、胳、膊、臂、膀、胱等一系列身体器官相关的字，看起来都是月字旁，其实那不是"月"，都是"肉"。

而尊俎，就是指摆上酒和肉来祭祀路神送别出行人，甲骨文里有这样的卜辞：

……画尊俎十牢？（《合集》33140）

说的就是计划用十头牛来举行对路神的祭祀。

目前发现的武丁时期的几片龟甲，上面记录了连续七天对武丁祖道仪式安排的卜问。

这些卜辞，细枝末节地卜问了武丁"祖道"的各项事宜："辛卯卜，子障俎，至二日？用。""辛卯卜，子障俎，至三日？不用。"（《花东》198）祭祀是在两天后的癸巳日举行好呢，还是在三天后的甲午日举行好呢？"辛卯卜，更口俎口牝亦更牡？用。""辛卯卜，子障俎，更幽鹰？用。""壬辰卜，子障俎，右左更斠？用。"（《花东》198）祭品用母牛、公牛以及幽鹰、斠中的哪些好呢？"癸巳卜，更璧庠丁？"（《花东》198）子到时候是否要给武丁献璧呢？

如此重视这次祭祀道神的仪式，人们大概是预见到了武丁这次出行之路将会惊险重重，抑或之前占问的结果不甚理想吧。

然而，不管出行前再如何小心准备，出行时总还是会不时地发生些意外。甲骨文里就记载了许多场惊险车祸。

比如最著名的一场连环车祸：

癸巳卜壳贞：旬亡忧？王占曰：乃[兹亦有]祟。若称，甲午，王往逐兕，[小臣叶车]，马硪，王车。子央亦坠。（《合集》10405正）

一条完整的卜辞分为四部分：前辞、命辞、占辞和验辞。前辞交代占卜的时间、地点和占卜者；命辞记录要占卜的内容，比如这里的"旬亡忧？"就是命辞，占问未来的十天会不会有灾祸；占辞就是根据龟甲上的兆象得出的占卜结论，这里的"乃[兹亦有]祟"就是占辞，王看了兆象后占断说：恐怕会有不好的事发生；而验辞就是占卜过后的应验记录，"若称"便是说事实与占卜相符，后面便都是对这事实的记录。

这条卜辞最有意思的，就是验辞"小臣叶车"和"王车"这两句中的两个"车"字。我们现在看，这两个"车"字已经没有任何区别，但在甲骨文里，前一个车写作🜨，后一个车写作🜨，而正常情况下，"车"字一般都写作🜨。

我们可以发现，这三个"车"字各有区别。🜨是完好状态下车的样子，🜨这辆车很明显车轴断了，🜨这辆呢，车轮在上，车厢在下，这是车翻了。

所以说，这场车祸的始末应该是：小臣叶的马车在追逐猎物的过程中车轴断了，马受了惊，导致王的车翻了，子央也从车上坠落下来。

整个车祸现场的记录可谓形象生动又简洁，一个字可以表示一串意思，颇有点连环画的意味。

另外还有一场追尾车祸也很有意思：

……五日丁卯[王狩]敝，允有害。赦车（🜨），[马立，亦仆才]车（🜨），毕马亦有🜨。（《合集》11446）

这片甲骨上的内容先是说，王在一个叫"敝"的地方狩猎的时候，"允有害"，果然遇到了灾害。这部分是验辞，看来王在出行前的占卜当中，占到了不太好的结果。

接着又具体说到底遇到了什么事。原来是一个贵族的马车在行驶过程中，突然变成了"🚗"形态，能看出来，这是车辕断了。然后拉这辆车的马就受了惊立了起来，直接撞到了前面的车上，追尾了。好在前面的车看起来没什么事，仍然是一辆完整正常的车。只是这辆车的马受了后面追尾马车的波及，跌倒受伤了。

看卜辞最后的这个甲骨文👤，学者黄天树先生认为这个就是"伤（傷）"字，上面部分是甲骨文里的人形，中间部分是人的脚形，下面部分是箭矢之形，这是以箭矢伤人来表示受伤的意思。

寥寥数语，却记录得栩栩如生，好像看了一本商朝连环画日记，一场惊心动魄的追尾车祸。

出行的路上，意外有时来得那么突然，没有一点征兆，也难怪商人总爱求助于鬼神降下好运。

追寻许多礼俗的源头，似乎最初都与先秦时候的祭祀文化有关。老皇历中一直有"今日不宜出门"的记载，直到现在我们也能听到有人抱怨说：今天出门忘看皇历了。虽然是玩笑话，但足可见"出门得挑个好日子"的观念深入人心。

后世为出行之人举行的祭祀礼仪虽渐渐减弱，但仍留下了设一场宴席饯别远行人的习惯。几个小菜，几杯小酒，此去经年，不知何时相见，愿你一帆风顺、一路平安。

商朝人最远能去哪儿？

商朝人已经有了东西南北的概念，不仅如此，不同方向还有各自的专属神灵和风神。有一片著名的四方风甲骨上，对此就有记载："东方曰析，风曰协。南方曰因，风曰髟（biāo）。西方曰夷（hàn），风曰彝。北方曰伏，风曰役。"[1]

古籍中也留下了众多商人四方观的痕迹，例如，《诗经·商颂·玄鸟》："古帝命武汤，正域彼四方。"《墨子·非攻》："通于四方，而天下诸侯莫敢不宾服。"《尚书·商书·微子》："殷其弗或乱正四方。"

四方皆有人，四方皆有风，四方皆有神。四方观展现了商代人对自然大地的崇敬，也暗含了商朝四方归服的实力。

事实也确实如此，根据考古发掘报告，商朝王邑的道路交通四通八达，规划严整，殷都在商朝晚期时的面积已达 30 平方千米，人口有 10 万以上。根据卜辞记载，光武丁在位的 59 年中，商王朝就与近百个方国发生过战争。

---

1 陈年福. 甲骨文词典 [M]. 未出版手稿，2024. 由作者提供.

东

西

这也使得商代的势力与文化交流范围涵盖四方。[1]

"东"字甲骨文写作 ，像是一个装满物品，两头用绳子扎紧的口袋。《说文解字》说它是"从日在木中"，也就是说太阳从草木中升起的地方，便是东。这样的解释虽然不太符合甲骨文字形，却符合"东"在古人眼里的丰富含义。

敬畏自然规律的古人认为，"东"是太阳升起的地方，因此是主位。比如房屋布局中，主人一般住在主屋东边的房子，客人一般就住在西边的房子。所以我们有"房东""东家"甚至"股东"这样的说法。

而在商朝，甲骨文中常常有人们"东行"的记载。往东行会到哪里呢？学者彭邦炯根据商朝遗址和甲骨文提供的材料发现，商王都与蒲姑国（今山东博兴县）有要道相通。另外还有水路可沿着黄河或者济水而下。商朝常率军东行，与东面的夷方发生战争。

"西"字甲骨文写作 ，是一个鸟巢的样子，表

---

1 宋镇豪. 商代社会生活与礼俗 [M]. 北京：中国社会科学出版社，2010：312.

示鸟儿栖息的地方。太阳西落之际，正是百鸟归巢栖息之时。因此以"西"来表示日落的西方。

从商王都往西行，有一条可通车马的大道，能通往今天的陕西，直达周邑丰镐和一些别的方国部落。后来武王伐商就是走的这条道。从关中往西南行还能到达成都平原，三星堆遗址就有出土商文化风格的青铜器皿，说明两者在当时存在一定程度的交流。

"南"字甲骨文写作 ，关于它的解释目前仍成谜。郭沫若先生认为，这是一种乐器形，上半像是悬挂的绳钮，下半像是一种钟形乐器。

《诗经·小雅·鼓钟》中有一句"以雅以南"，据章炳麟先生考证，雅应该是一种乐器，"以雅以南"说的是雅、南两种乐器的合奏，而"南"正是流行于南方的乐器。因此，郭沫若先生的说法也是有一定可能性的。

商朝人说的南方，一般指的是今天的湖北、湖南一带。商王都和现在湖北、湖南、江西等地当时的国族都有干道直接相连。

"北"字甲骨文写作 ，像是两个人背对背站

南

北

立着，最初表示"背"的意思。我们生活在北半球，先民为了最大限度地获得阳光与温暖，房屋大都坐北朝南。房屋向阳处便为南，背阴处便为北。因此北也引申出北方之义。

商朝的东北方向有到达今天的河北卢龙、辽宁朝阳等地的交通干道，西北方向也有要道可跨越太行山。根据甲骨文的记载，商朝经常和西北方向的𦥑方、土方等国交战，捷报就常沿着这条道路送往王都。[1]

有人说，中华大地上的文明曾是满天星斗的格局，各地的文明闪耀着各自的光，成都平原上曾有奇妙的三星堆文明，江南地带曾有繁荣的良渚文明。

可那个时代，人们抵抗风险的能力终究太弱。距今 3500—4000 年前，各地的古文明都不约而同地走向衰败，最终一一消亡。神奇的是，唯有一处古文明不仅并未衰败，反而逐渐繁荣强大，从以河南为中心的中原文明一步步扩大到后来的中华文明。也是从那时起，东亚大地上便形成了月明星稀的格局，皓月当空明亮，星光稀疏地散在四方。

这背后想必离不开强大的军事抗风险能力，离不开国家社会的组织结构，离不开不信宗教、信祖先和人神的文化，离不开一朝朝详尽的历史记载与反思，离不开一代代的取其精华，去其糟粕……

---

1 彭邦炯 . 商史探微 [M]. 重庆出版社，1988：269.

周几乎继承了商的大部分制度和文化，却抛掉了商朝最为重视的两大礼俗：龟甲占卜和人牲祭祀。龟甲占卜在周建立初期还有零星实行，没过多久就彻底消失了，人牲祭祀更是一点痕迹也没留在史书上，直到近百年来的考古，才让我们见到了商朝真正的样子。

一些糟粕被舍弃，又有一些新的糟粕出现，我们的文明就在这样不断的起伏中一朝一代地前进着。其中有许多精华，历经各朝各代从未被磨灭，也是那些精华，把一个民族深深地凝聚在一起。"今天适合出行吗？"这样简简单单一句话，背后的思想却已跨越古今，跨越整个中华大地。

商朝人的居住条件怎么样?

"家乡"两个字眼,在我们商朝早期先民那儿大概是个可望而不可即的词汇。商汤建立商王朝前,商部落历经400多年,浩浩荡荡迁都8次,平均每50年就要离开家园,去往新的土地。也就是说,大多商朝人都无法在自己的出生地老死、埋葬,即使有极少数人能幸运地终老于故乡,子女也会很快远迁他处,终生不能回来祭奠。

商汤推翻夏朝建立商朝后,经过200多年,已经迁都四次。等到商朝最著名的王之一盘庚继位的时候,又面临是否迁都的重大抉择。

"屋顶着火"，打一字

水灾的"灾"

火灾的"灾"

兵灾的"灾"

甲骨文里"灾"字最多的写法就是水波泛滥的样子，≋、〻、〢〢。或横或竖，或加上声旁"在（ᄇ）"。

汉字里真正的象形字其实很少，形声字反而是最多的，也就是字里面，一部分表意义一部分表声音，而其中表音的这部分，我们就把它称为声旁或声符。比如清澈的"清"字，左边三点水表示这个字和水有关，右边的"青"就是声旁，只表示它的读音。由甲骨文里的"≋"字，可以想见当时水灾的频繁。

另有一种"灾"字，像是房屋着火了的样子，写作圙，或把"火"放在房屋之上写作圙，这个字本义是火灾。还有一种"灾"字，ᅪ，右边是兵器戈的样子，戈上是声旁"在"，这个字本义是兵灾，也就是战乱之灾。

这些甲骨文向我们清晰地诉说着，当时对商朝百姓来说最频繁、最具伤害的几种灾祸。常见的灾的繁体字"災"，就是融合了水灾、火灾两种"灾"的写法。

盘庚继位之初，商朝的都城在奄（今山东曲阜），位于黄河下游东南岸，常有水灾发生。

甲骨文里有一"介"字，像是尖顶房屋的样子，上面是尖尖的屋顶，两横是墙壁。这个字就是后来的宝盖头"宀（mián）"。屋子里养了猪，，也就是"豕"，就成了"家"。屋子墙上开了个口，，这是"向"字，最初指朝向北的窗户。这些甲骨文字告诉我们，当时建于地面上的尖顶房屋已经普遍存在。

不过根据考古发现，殷商时期不少下层平民或是奴隶，仍居住在半地穴式房屋之中。这些住所是更远古的祖先们建筑智慧的遗存，是建筑史上跨越性的一笔，是人类从地下来到地上的重要过渡。

只是，经过一代又一代的实践，后来人早已发现，这些初期的智慧还有许多不足之处。这些住所有点像我们现在的地下室，每当洪水泛滥，住在城墙脚下半地穴式房屋的普通人家就会受尽折磨，他们只能把家里所有东西都搬出来。

一居室的土制房，里面淹满了水，所有东西都湿漉漉的。男主人忙着处理家中的淹水，儿子在旁帮忙，女主人和女儿把家中为数不多的衣物和粮食晾晒好，转头一起加入了处理淹水的队伍。一盆盆一碗碗

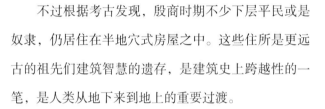

家

向

的水被从地穴中舀出。

旁边的邻居们也在重复着同样的事，频发的洪灾让大家的日子都不好过。

忙碌中，不知谁传来消息，说王已经发布诰令，让大家做好准备，择日后即将举城西渡黄河，迁都于殷地，也就是现在的河南安阳，两地相距300多千米。

人们瞬间议论纷纷。

有人说现在日子苦是苦了点，好歹还能过，迁都也太折腾人了，万一路上出点岔子可怎么办。

有人说最近接连的洪水一定是上天让我们迁都的预示，农田早已不肥，好多年没有大丰收了，新的地方或许意味着新的希望。

孩子们对这未知的新地方充满好奇，仅有的几个老人却是满脸忧愁。遥远的记忆开始浮现，又要再经历一次吗？就自己的身子骨，这次怎么可能撑过去呢？

都城里的贵族们，所想的事便全然不同了。某位贵族望着眼前自己那错落有致的排屋，尽管洪水让院子里泥泞不堪，几间边屋也被水冲倒了，但洪水退去，家中水便会消失，屋内的潮湿，晒一晒也就好了。而迁都，意味着一长段时间的简朴、忙碌、艰辛，意味着抛弃辛辛苦苦几代建立起来的繁华，然后重新开始，意味着一定可能性的权力洗牌，意味着未知和不确定。

他不想冒这个险。

正巧，不少其他贵戚大臣也是这么盘算的。他们达成了一致，决定一起反对迁都。他们以各种理由不为迁都做任何准备，以先王和天命为托词煽动平民。

根据《尚书·盘庚》上篇的记载，反对迁都的臣民声称先王是遵从天命，才迁都于此，只有继承先王的传统，上天才会继续降下国运，才能重新复兴先王的大业。原本就犹豫不决的百姓此时心中更加忧虑，不少平民因此加入了反对迁都的队伍。

盘庚能成功坐上商王之位，势力和能力一定不弱。在这样的情况下，他反而更加坚信迁都迫在眉睫。于是他立即召集贵戚大臣们，再次表达了强硬的态度。《尚书·盘庚》上篇记录了他当时铿锵有力的谈话。

他先是严厉批评贵戚近臣贪图安逸不愿迁徙的行为，又反复强调迁都的决定是合乎天命，就像先王之前的几次迁都一样，是为了百姓安定。

他一次次地鼓励大家要团结一心，共同勤劳，共享安乐。但他也告诫大家，不善良不走正道胡作非为的人，他一定会断绝消灭。

最后，盘庚充满希望地号召大家，"往哉！生生！今予将试以汝迁，永建乃家"。新的家园将会是你们永远的家！言辞恳切，有理有据。

尽管经历重重困难，盘庚最终还是力排众议，带领百姓实现了迁都之计。

商朝王宫有多大？

邑

　　这是有史记载的商王朝的第五次迁都。有的人坐在马车上，在簇拥中颠簸着向前，大大小小的行李望不到尽头；大多数人只能徒步前行，一家子人互相扶持，一路上不知道磨破了多少鞋，送走了多少人。浩浩荡荡的队伍从旧都奄出发，南下渡过黄河，就像是搬家的蚂蚁，很有秩序，一路向前。

　　迁徙的队伍到达新都殷邑（今河南安阳）的时候，所有人都已筋疲力尽。但到达并不意味着结束，而是意味着真正的开始。虽然商王盘庚早已开始营建新都，但此时的新都看起来总没有旧都那么繁华有人气。目前的头等大事，仍是建设。

　　疲惫不堪的人们此时心中对未来大多充满了忧虑与不安。不过令人欣慰的是，位于洹水之畔的殷地，温度适宜，土地肥沃，是个安居之处。

　　王按地区建立"邑"，以治理他的国民。"邑"的甲骨文写作 ，上面那个方框一样的形状，即城墙围成的城的样子，这个字形也是"国"字和"围"字外面那个部分"囗（wéi）"。根据这个甲骨文，我们知道，邑有围墙作为防御措施。

那么当他们在一个新地方定居下来，第一个工作大概率就是修建城墙。

殷商的城墙已采用版筑技术，即把土夹在两块木板中间，再把中间的土用杵一层层夯实，就成了墙。《孟子·告子下》中有句"傅说举于版筑之间"，这里的傅说原是商朝的一位奴隶，传说就是他为了阻挡洪水创造出了版筑之术。虽然他是奴隶身份，但因为富有才华，仍被商王武丁重用，最后协助武丁大治天下，成为一代贤相。

𨙹字上面是城墙，下面部分是臣服的百姓，有城有民，便是邑。因为这高耸的坚固城墙，墙内的人们才能为各自的家全力奋斗。多说一句，"邑"也是右耳旁阝的来源，所以右耳旁的字大多和区域、城市有关，比如都、郊、郭、鄙等。

据甲骨文和考古发现，殷都里最偏远的位置，住着的往往是最贫穷的平民或是奴隶，他们没有能力去筑平地而起的墙，往往住在半地穴式的建筑里，建造相对简单得多，在地面上挖一个圆坑，用树枝木棍架起尖尖的屋棚，在上面铺上茅草、糊上泥巴，就是一个家了。

虽然这样的居所外表看起来简陋，但内里已是五脏俱全。单间式相对最多，但也有双间式、三间式，甚至有极少量的四间式、五间式，可见这一家子人丁兴旺。

屋子里面也有供休息睡觉的土台，有烧火的灶，还有炕能起到一定保暖的作用，有壁龛可以放置物品。

出

甲骨文里有一""字，字形像脚踏出半穴居住所，这是"出"字最初的样子，用离开居住地来表示外出的意思。后来经过隶书拉直笔画，字形才变得和现在一样。

这也可以解释为什么"出"字的笔画不能是两个山，因为"出"字应该这么看：上面这部分是脚，下面的小框是住所。

可以遮风挡雨，可以避开烈日、隔绝寒雪，相比风餐露宿，有这样一个居所已是非常庆幸。但这样半地下的居所，往往既潮湿又不通风，虽挡掉了一时自然的残酷，却也容易带来一些身体疾病。

为了生活得更舒适，人们一直在想办法到地上来。而当时，许多人已经掌握了这样的建筑技术。好一点的位置，稍有能力一些的人家便选择建地基，夯土墙，住到地面上来。有一室一厅、二室一厅，也有三室一厅的房型。再好一点的位置，贵族的房屋群错落有致地排列着，为了更好地防止潮湿，有高台；为了更好地通风，有长廊；为了更好地生活，有庭院，有的还有酿酒作坊。

甲骨文的"良"字写作，构形仍有些争议，一些学者认为这是长廊的象形，中间的方形是连接的屋室，上下的折线指的是过道。正是因为廊能带来空气流通，改善生活条件，"良"才引申出"良好"的意思。后来，"良"字更多地用作他义，表示廊道意义的"良"就加上了"广字头"以作区别。

"广"的甲骨文长这样——⌐，有屋檐有墙壁，就像是屋子的样子，是省略版的宝盖头（宀）。所以"广"字头的字基本都和房屋有关，如庄、库、庐、府、庭、庙，等等。

王宫的建造，是个逐步进行的大工程，它的大小是超出平民想象的。殷墟王邑的宫城面积有近 70 万平方米，甲骨文、金文（商周时候刻在青铜器上的铭文）里用来表示王宫里特定建筑物的字更是多达三十个，有宫、宫、宫、宫、宫、宫、宫、宫，等等。

走进王宫，你会发现一间间望不到头的房子，层层相连，就像是甲骨文里的"宫"字："宫""宫"。外面的"宀"表示房屋，里面部分就像是一间间相连的屋室。

王宫中屋室众多，职能也各不相同。宗庙是祭祀神和先祖的地方，因此建造得格外讲究，巍峨的高

良

宫

宗

厅

耳

口

寝

台显得庄严有气势，屋内摆放着一个个神主。甲骨文里的"宗"字兪，很形象地展示了宗庙内的场景："介"是房屋，丁则像是神主牌位的形状。

这时，有间屋里传来人们大声交谈的声音，那是朝廷的位置，是君主受朝听政的地方。所以甲骨文里的"厅"字才长这样——，""像一只耳朵的样子，这是甲骨文里的"耳"字，"凵"像是我们微张的嘴，这是甲骨文里的"口"字。屋子里面有耳有口，就像是有人在听事，有人在讲事的样子。

再往里走，就是寝宫了，那是王宫里的卧室，有不少人在里面忙活打扫。让人想到"寝"字最初在甲骨文里的样子，就是屋子里面有一把扫帚。

不急，再逛一逛。穿过层层屋室，你可能会豁然开朗，呈现在眼前的是池水、林木、鸟兽，这是王宫里的池苑。商王和王后在繁忙之余，大概也会来这里观赏自然之趣，放松放松心情。

甲骨文里的几个"圃"字、、，就像是土地上种满了植物的样子，让人不禁想象当时园子里种的植物有多茂盛。

逛完池苑再逛一逛，你还会看到一片壮观的景象，那里绵延上万平方米，立着一个个粮仓，数量将近百个，每隔一段都有重兵把守着。

粮仓的模样，让人想到甲骨文里的"廪"字，古字写作"$\hat{a}$"，像是露天的粮垛上盖上了遮蔽物的样子。后来为了强调这是粮仓，在下面加上了"禾"，为了表示这是藏粮的建筑物，又加上了"广（yǎn）"旁，成了廪，字形才变得和现在类似。

按照偃师商城遗址所见的规格，如果这些粮仓存满粮食，将够 20 万至 30 万人一年的基本消耗。这些粮仓大概是商王安全感的来源，人们对储粮的重视与远虑，对饥饿的恐惧与防备，恐怕从那个时候就深深地埋进了我们的基因。

换个方向再走上一段，就没那么轻松了，你可能会踏入一处极具庄严的平地，许多人在那里忙碌着、建造着，但地面上并没有任何建筑的身影。这里是王陵区，埋葬着商王室的祖先们，功夫都在地下。让人想到甲骨文里的"葬"字，$\text{\unicode{x}}$。$\uparrow$是甲骨文里的"人"字，$\natural$（$\natural$）在甲骨文里指床，$\downarrow$在甲骨文里指草，$\downarrow\downarrow$即草字头的来源。甲骨文"葬"字，就像是人死后葬于草莽土地之中的样子。

圃

奿
廪

葬

人

床

从穴居到高楼，人们从地下来到地上，死后仍又重归地下。地下工程的建造往往伴随着死亡与庄严，而地上建造其实同样如此。

商朝盖房子时的特殊仪式

因为对上天的敬畏，对鬼神的信仰，对命运福祸的未知，商人的房屋建造过程往往伴随着一系列的祭祀活动，处处透着血腥。

河南偃师商城遗址，城内五号宫室基址至少埋置了 11 条犬牲。郑州商城遗址曾发现多座房址，其中一座居住面下埋了两个孩童和一条犬；一座埋了三个孩童和三个成人，骨架和房基方向一致；还有一座小型居室，仅 5 平方米左右，居住面下也埋了一个俯身屈肢的人架和一个人头。安阳洹北商城遗址，宫室基址夯土中、庭院内外、门前、台阶前、柱础石下，皆有祭祀痕迹遗存，有的用羊、猪、犬，也有的是成人或孩童；还曾发现一处中上层平民房址，室内柱洞下也有一个幼童，站置在柱洞中。

这些祭祀活动，一般存在于建造房屋的四个阶段：奠基正位、置础竖柱、安门仪式及落成庆典。[1]

我们可以想象，选定住址之后，当时的人们便一边向下挖基坑一边准

---

1 胡厚宣 . 中国奴隶社会的人殉和人祭 [J]. 文物，1974(7).

备祭祀用品。然后选定良日，在坑底再挖一个小坑，埋入备好的犬牲或是奴隶孩童，以此为祭品，向此处的一切生灵祭奠，虔诚地告知此处的生灵鬼神，我们将在此地安家，马上破土动工，请鬼神们知悉并谅解，莫降下灾祸。

奠

后世民间少数一些地方仍流传有这样残忍血腥的习俗，比如"打生桩"就是一种残忍的封建迷信行为，将人埋于地基或是桥墩之中，抑或沉入水底，以守护房屋建筑或是桥梁，使之顺利建成。

测日影也是重要的一步，这是为了确定房屋的方位。殷墟王宫基址群所有建筑方向，都与当地太阳南北纬度方向一致，可见当时测量的精确。

确定方位后，便开始正式填土夯实筑基。这就是奠基与正位。

"奠"字甲骨文 ，就像是一瓶祭酒摆在祭台上的样子，本义为向死者供献祭品致敬。金文有时在该字形上面加两点，，像酒多得溢出的样子，有时在下面加上两笔，，像是桌子的支架。《说文解字》里的篆文 ，融合了这些特点，字形才开始变得和我们现在差不多。

户

门

当基址的土夯打到一定高度的时候，人们又要在当中挖几个小坑，埋入准备好的犬、牛、羊，少数时候也用人牲。因为房屋建造当中极为重要的一个环节即将到来——置础竖柱。

先在需要立柱的地方放置柱础石，这是承受屋柱压力的奠基石，还可以防潮，对防止建筑物塌陷有着极为重要的作用。然后在基石上立上柱子，这些柱子未来将要承担屋梁之压，是房屋的灵魂所在。于是，商人选择再次献祭，祈求鬼神，这柱子能立得久一点。

建造快要完成的时候，大门也立起来了。甲骨文里的"户"字戶，像是单扇门的样子，而"门"字門，像是双扇大门的样子。大门建好，便将举行安门仪式，一些尊贵的商人会在大门的内外左右，埋上持着戈或者刀的武士，身边还带着犬，以保卫家宅，祈求人鬼之间能相安不扰。

当时的人们，大概认为人死后将会去往另一个世界，另一个世界的人常会影响这个世界的人和事。有武士带着兵器，还有人犬共同把守，哪怕是鬼来了，这个门卫配置也可以说是非常安心了。

房屋建成之后，便将迎来最隆重最盛大的庆典。

人们将在屋前场地举行庆祝房屋建成的祭祀仪礼。

在殷王室的一处宗庙建筑群前，共发现 128 个建筑仪礼坑，埋车 5 辆、马 15 匹、犬 10 头、羊 13 只、人牲 585 具，还有铜礼器、玉器和兵器等。

这是极高级别的建筑仪礼，借此，我们也可以想象到当时庆典的情景有多森严可怖。人头攒动，挤满了宗庙前的平地，各项事宜有序进行着，有的奴隶麻木地等待着命运的降临，有的颤抖着互相拥抱哭泣，有的疯狂地想要寻找机会逃离，有的默默祈求另一个世界能带来安宁。最后，是从哀鸿遍野到突然的宁静，是片刻宁静后逐渐传开的欢呼与庆祝。

一次迁徙的落幕

面对大自然的力量，商朝人尽管已经掌握了一定的规律，但仍有太多的未知，他们选择把那部分未知归结于神秘的力量。

信奉鬼神的商朝人，认为一切福佑与灾祸皆来自天降，"祭祀"之礼遍布各个阶层、各项事宜。而居住的场所，如此重要之地，建造过程中自然要向上天祈福祛灾。虽然能理解行为产生的缘由，但把活生生的同类当作献祭品，实在太过于残忍。

幸而这样的残忍没有持续太久，相关习俗被后来的朝代改良，废除了残忍的人祭制度，继承了一部分仪式。在一代代的改良与传承中，一部分习俗以各种形式在一些地方保留了下来。

至今昆明的一些乡间，建筑房子就有搁盘定向、破土、发马、竖柱上梁、安龙奠土等一套隆重的典礼。其中"发马"指的是请鲁班师父，"竖柱上梁"时亲戚朋友都会送礼，稍微隆重些。最重要的是"安龙奠土"环节，安龙是把房顶上的最后一片瓦盖上，"奠土"会请和尚或道士念经，会杀白鸭和黑羊，然后大宴宾客。

不过现如今大多数地方建筑房屋，已经省去了这些繁复的步骤，但上梁和落成的时刻，还是颇受重视，人们有时仍会举行活动或宴请宾客。

有些习俗，我们可能早不知缘何起，也不知为何因，但因为这一份传承，我们之间就能共享一段相似的记忆，就能拥有一份了然于心的默契。

王宫落成的那天，这场历经不知多少年的盛大迁都，终于宣告落幕。至此，殷商盛世正式开启。"百姓由宁，殷道复兴，诸侯来朝。"盘庚没有欺骗百姓，此后 200 多年，商朝欣欣向荣，不断强大，再不曾迁都。

直至武王伐纣，改朝换代，纣王的儿子武庚仍一度被封在殷地，管理殷商遗民。可惜武庚叛周后战死。城破君亡，殷人只能纷纷出逃，被迫离开这个他们驻守了近 300 年的家园。殷都从此彻底消失，只在层层尘土之中留下一片废墟。

商朝人打扮得有点前卫

近年来，在国内的大小景点，很容易看到穿着古装拍照的游客，这些古装大多是汉、唐、宋和清朝时期的服饰，其他朝代的则不多见。这让我不禁好奇，如果大家穿着商朝服饰、佩戴着商朝首饰在景区游玩，会是怎样一种场面。

截至目前，商朝考古尚未出土衣服实物，相关文献记载又比较少，导致大众对商朝服饰缺乏明确的印象。好在通过甲骨文和商朝的玉、石、铜、陶人像，我们可以一定程度上还原那个时代人们的穿着打扮。

商朝人已经穿上丝织品了

3000 多年前的一个甲戌日，是晴空万里的好天气，这一天并没有什么大事发生。有一位王子打算在这天精染一批布帛，但他有点拿不定主意，自己这样做会不会有个好的结果？因为他的踌躇，一块甲骨片上就这样留下了他与一批布帛的故事。"甲戌卜，子乎綌，嘉？帚好用。在苔。"（《花东》480）。

这条卜辞的意思大概是说，某个卜官在甲戌日这天占卜问，王子打算让人精染一批布帛，结果会好吗？占卜结果应该是吉祥的，商王子牵头的布帛精染工作，在苔这个地方顺利开展了。但王子为什么突然想要精染一批布呢？卜辞说："帚好用。"原来，他是想要把这批精染过的布帛，献给王后妇好。妇好确实也领受了他的心意，使用起了这批布，王子的"踌躇不定"最后迎来了一个好的结果。

这条卜辞里出现了一个我们不太熟悉的字，"綌"。不过没事，看一下甲骨文，这个字的意思，我们便能知道个大概。"綌"字甲骨文写作，右边的 是一个人跪坐着，左边的 是一束丝，整个字形就像是一个人正坐着认真练丝的样子。"綌"指的就是精细染练过的丝或布。

没错，我们商朝的老祖宗虽然穿着上的花样没有现在多，但在制衣原材料的使用上已经非常丰富。

蚕所吐为丝，早在商代之前，我们的祖先就已经能养蚕缫丝制衣。传说中黄帝时期的嫘祖，是最先发现蚕丝并发明养蚕缫丝技术的人。在不少新石器时期的遗址里，也检测到了丝织品遗存。郑州荥阳市青台遗址，出土了目前发现的最早的丝织品残片，距今 5300—5500 年。不远处的郑州巩义市双槐树遗址（距今约 5300 年），还出土了一个由野猪獠牙雕刻而成的牙雕蚕。

依然是在郑州，时光飞逝，部落更替，千年之后，一群新的人风尘仆仆地来到这里，一座巨大的城市在这片土地上缓缓升起，新来的人在这里建立了新的王朝。

这新的王朝便是大商，这巨大的城市便是位于郑州的商代早期都城亳都。后来，商经历了几次迁都，辗转之后最终定都在了现在的安阳。人不断在变，都城不断在变，但技艺一直没有丢掉。此时的商朝，养蚕缫丝的技术也已经炉火纯青，人们在甲骨文中留下了许多和"丝"有关的字，这些丰富的甲骨文字，为我们凝固了当时的人制丝用丝的一个个瞬间。

♥，这个甲骨文像是一棵桑树的简易画，有树根，有枝丫，还有像桑叶那样经络分明的枝叶。大家也许能猜到，这就是"桑"字了。《说文解字》说："桑，蚕所食叶木。"桑，是蚕食用的一种叶木。

殷商时期，人们已经开始种植桑树来养蚕。《诗经》里有许多篇章提到过桑，"十亩之间兮，桑者闲闲兮，行与子还兮。十亩之外兮，桑者泄泄兮，行与子逝兮。"这首《魏风·十亩之间》描述的，就是人们采桑的场景：十亩田间是桑园，一群人在那儿采桑，多悠闲，她们正相约

桑

丝

糸

着一起把家还。十亩田外是桑林，一群人在那儿采桑，多开心，她们正说说笑笑往家行！

借着《诗经》的描述，我们也能想象到商朝女子采桑养蚕时的样子：一面抬手采桑，一面互相打趣、笑意盈盈。这大概也是为什么"桑"字的上面部分后来由三片叶子演变成了三只手（"又"字由手形变化而来），这手是人们种植桑的手，是人们采摘桑的手，也是人们以桑养蚕的手。

桑就这样滋养着蚕，直到有一天蚕突然停止了进食，它要开始吐丝结茧了！"春蚕到死丝方尽"，蚕吐完丝结成茧之际，也就是它生命走到尽头的时候。人们煮茧缫丝，之后蚕茧便化成了一团团的丝线，它的生命也以另一种形态继续延续着。

这个 字，像是两束丝并列摆放着的样子，这就是甲骨文里的"丝"字；至于 （或写作 ），一束丝线，这是"糸"字，也是绞丝旁的由来。

人们会对这些丝线进行不同的处理。把丝捆缚起来，成了 （或写作 、 、 ），就是束缚的"束"字；"束"字里头的一竖变成一横，成了 ，陈年福认为这是"柬"字，表示把不同丝线进行拣练，分拣的"拣"字繁体字写作"揀"，原因就在这里；还有 字，用手把两束丝线系在一起，这是"系"字。

束

有时还得捻线，就是把几股细线并成更为结实的一股。如果手工捻，太麻烦也太慢了，想偷懒毕竟是人的天性，商人也因此发明了一种实用的工具——纺锤。甲骨文里有这样一个字 ，就是用手在使用纺锤捻线的样子，这是"专"字。所以纺锤也称为纺专，而"专"的繁体字"專"也仍然能看出纺锤的样子。

柬

处理完丝线，接下来就可以开始织布了，甲骨文里有一个字写作 ，就像是把丝线排成经纬来织布的样子，旁边还有一把织布要用的工具刀。

系

别以为商人织布都是千篇一律的纹路，考古发现的商代纺织品中，有些丝绸已相当精美，不仅有普通的平纹绢、重平组织的缣、提花的绮，还发现了四经绞罗，这种工艺现在的人想要织出来也得花些功夫。

专

织完的布便能用来制作衣服，不过爱美也是人的天性，动植物尚且各色各样，争奇斗艳，人怎么能只着素衣呢？于是人们绞尽脑汁想了各种染布的方式，试图将自然界中的美丽颜色都搬到布帛上来。

甲骨文里有这样一个字🐰，乍一看很怪异，丝线里面有个龟（一种像兔而较大的青色兽），有"糸"有"龟"，这是什么意思？我们可以先来看下"纁"字，也包含"龟"，《说文解字》里记录了这个字，还说，"纁，帛雀头色。"就是说"纁"指的是布帛的颜色。回过头来再看🐰字，似乎就能理解了，这指的不就是把"龟"的颜色纳入丝线吗？古人直截了当地以此来表示给布帛染色的意思，还怪可爱的。

说到这里，大家应该也能感受到丝织品的工艺有多么复杂，从种桑养蚕到织布染色，中间不知道要经历多少时间与人力。所以丝帛是非常昂贵的衣料，尤其是精染过的丝帛，哪怕对于商代王室来说也是十分珍贵的。

甲骨文里有这样的卜辞："乙亥卜，既紟不橐？"（《合集》21470）意思是说，乙亥日这天占卜问：精细染练过的这批布帛，不会被蛀虫咬坏吧？重视到专门占卜问一下这些布帛的安全问题，可见当时人们对这些衣料的重视。

因为珍贵，各地也会给商王室进贡一些丝线布帛。甲骨文里就有这样的卜辞，"贞：其紃入？三月。"（《合集》26068）这是某年三月商王在卜问，进贡的布料要到了吗？这么急着卜问，难道王室也有缺布料的时候？

这时再回过头去看那位因为不确定是否要染布，而占卜询问上天的王子，我们似乎更能理解他的犹豫不决了。那是对珍贵布料的谨慎和怜惜，也是对王后妇好的重视与尊敬。

裘，商朝的毛皮衣服

既然丝制品很贵，连王室都珍惜万分，商朝的平民当然穿不起，那商朝有没有一些物美价廉的制衣材料呢？

自然是有的，不少商朝遗址都出土有葛纺织品。葛是一种植物，人们将它的茎蔓采摘回来后，进行浸泡、水煮，再把里头的纤维抽出来，织成葛布，就能做成各种葛纺织品了。葛布是那时候最常见的面料之一，尤其是夏天，用它做衣服清爽又凉快。《诗经》里也多次提到了"葛"，"彼采葛兮，一日不见，如三月兮"，那个采葛的姑娘，一整天都没见到她，真像是过去了三个月啊！

除了葛，常用的制衣原料还有麻。和葛类似，麻也得把茎里头的麻纤维一根根地剥离出来后，才能织成布。"麻"字金文写作，外面的"厂"指的是简陋的屋子，里头的指的是带着叶片、皮被剥离的麻茎，整个字形就像是正在家中给麻茎剥皮的样子。用麻来织布既方便又省钱，也是当时的人最常用的制衣材料之一，只不过它的材质比较粗糙，舒适度上差一些。

有以植物为原料制衣的，当然还有以动物皮毛为原料的，冬天的时候，皮毛类衣物是御寒的利器。

毛

皮

革

"毛"字甲骨文写作 ，像是一束毛发的样子；"皮"字甲骨文写作 ，《说文解字》说："剥取兽革者谓之皮。"有人认为这字形就是用手在剥兽皮的样子，也有人认为这是手拿着剥皮铲刀的样子；至于"革" ，就像去了毛的兽皮被撑开的样子。我们现在看这些字也许有些残忍，但对当时的人来说，如果不以此来御寒，可能随时会面临被冻死的风险。

不过动物的皮毛也不易得，多数平民恐怕还是得依靠植物原料的衣物来熬过冬天。《诗经·七月》里就有一句"无衣无褐，何以卒岁"，这是人们在感慨：要是没有好的衣服和葛麻粗衣，我们要怎么度过这年底啊！

这不禁让人想到"寒"字金文 ，正是一个人躲在屋舍之中，裹着草席瑟瑟发抖的样子。那时的人们为了生存会在年底前制作新衣，而后来人们在过年的时候买新衣服，更多已经成了一种美好的期盼与祝福。

对于商朝时期的许多人来说，自然环境仍然是严峻的，生存仍是艰难的，夏天烈日炎炎，冬日寒风萧瑟，外界的难关需要他们用尽一切力量去渡过。

甲骨文里有这样两个相似的字， 和 ，恰好能表现出商朝人在不同季节穿着的不同。这两个字有个共同的部分——，这个字形像是古时候的衣服左右两片衣襟交叠的样子，这个就是甲骨文里的"衣"字。

如果你在温暖的季节来到商朝，走在村舍郊野之中，便随处可见人们劳作的身影，他们在田野中为庄稼浇水施肥，她们在山林中一边嬉笑一边采摘果实。日头毒辣辣地照在大地上，笼罩着人们的身体，汗水从人们的额头上一滴滴落下，浸湿了那薄薄的葛麻衣裳。这场景正如前面说的那个甲骨文：，有时这个字还写作，在衣服上头加了两团火，好像生怕别人不知道劳作有多辛苦火热，这就是甲骨文里的"劳"字。

如果你在严寒的季节来到商朝，还是那片村舍郊野，一眼望去，人烟似乎变得稀少，不过只要敲开一户人家的门，就又能见到熟悉的人。你会发现他们个个都穿了一层又一层的衣服，那样子就像是甲骨文字，衣外面又叠了一重衣。这个是"袭"字，最初指的应该是"重衣"，后来引申出"重叠""重复""承袭"的意思。

有的人家条件好些，或是家里有个打猎高手在，

衣

劳

袭

裘

那这时候他们身上可能还裹着一层皮毛制的冬衣，衣襟上毛茸茸的，暖和极了，样子就像是甲骨文字。这是"裘"字最初的样子，后来上面加了表示读音的声符"求"，才变成了现在这样。

当然还有一些人没来得及制作足够多的粗布麻衣，也没有足够的财物去换取衣物，对他们来说，这个冬天就难熬了。

"冠冕"二字里的阶级差异

文献上关于商朝衣着的记载很少，但甲骨文的记载和许多文物的出土，为我们揭开了商朝服饰的面纱。

不过，走在商朝的都城之中，你可能会时不时地怀疑，自己真的是在中国的古代？怎么和电视里演的不太一样？

你会看到有人穿着刚过膝的短裙，还是带褶的。上身呢，配着窄袖口的短衣，领口大大的，左襟盖在右襟上，衣服的长度刚刚盖过臀部。腰上还系着宽大的腰带，腰带和衣服上都绣有精美的花纹。从"带"

字的甲骨文⿱中，我们也能感受到那衣带纹饰的丰富。

这是殷墟第十二次发掘出土的大理石圆雕人像（见彩图拉页）身上的穿着。不要以为这是缺少布料的平民打扮，这可是一位商代高级贵族男子的穿着，这样的短裙，在当时是贵族男子穿着的一种风尚。

如果你看到有女子穿着布满华饰的大衣，一直垂到足踝位置，长袖交领，腰上系着宽宽的腰带，腰带的中间位置挂着一条上窄下宽形的精美蔽膝（蔽膝指系在衣服前面的大巾，用于遮盖大腿至膝部位置，是古代遮羞物的遗制），头上顶着卷筒状的冠饰，那她大概是商代一位高级贵妇。

除了这样比较正式庄严的穿着，商朝贵族们还有一些"独具特色"的打扮。有的上身穿着绣着花纹的长袖对襟短衣，下身呢，一条花长裤，配一双花鞋。很可能头发还用某种胶类固定成了高高耸起的样子，发梢的位置微微外翘，让人不禁想到美丽的花孔雀，这样的行头在人群中应该很扎眼。

还有的上身披着一条格子长条巾，从肩背部一直交叠到胸前，左巾压在右巾上。下身呢，是一条长长的条纹裙，头上还戴着条纹布帽，刚好把头发

带

卒

包裹在里头。这样的装扮，以现在的审美来看，感觉还有点潮。

虽然商朝多是交领的衣服，但出土的"小人"里也有一些着圆领的。其中一位"小人"，穿着一件圆领的长袖花短衣，下身还配着一条紧身花裤，这是一位商代中上层贵族的装束。还有一位，穿着一件圆领花大衣，袖口窄窄的，衣长到小腿的位置，这是一位商朝中下层贵族的装束。

这样看来，商代一些贵族们的穿着丝毫不会沉闷寡淡，反倒是五花八门、争奇斗艳。

除了好看实用的衣服，商朝也已经有了一些功能型的衣服。甲骨文里有一个字长这样，卒、卒、卒，没错，这些都是同一个字。我们知道𠆢是甲骨文里的"衣"字，可这些"衣"上都布满了网格，还有的网格里满是小点，是怎么回事？这些其实都是"卒"字。关于这个字的解释有一些争议，我还是赞同这些皆为甲衣之形，那些网格大概是藤甲的象形，网格里的小点就像是连缀的甲片。古人以"卒"所穿的衣服来表示他的身份。

当然，光鲜亮丽的衣着只是商朝浓墨重彩的一面，你还得做好心理准备，有时你可能会看到一些赤身裸体，或者只束着一片蔽膝的男子。这些人是在商朝毫无地位可言的奴隶，一般是战争中的敌方俘虏。

执

你也会看到有人穿着圆领的长袖长袍，手上戴着镣铐，腰上和脖颈上都束着绳索，这是商朝的罪隶。那样子就像是甲骨文里的"𦥑"字，一个人的双手被刑具束缚，这是执法的"执"字。"执"的本义就是指把犯罪的人绳之以法。

比衣着更让人吃惊的是发型。从出土文物来看，商朝至少有二十多种发型。中上层贵族发型有的高高耸起；有的在右耳后编一条细细的长辫子，在头顶盘一圈，绕过左耳回到右耳，再扣在耳朵后；也有的披发戴冠，发尾上卷，等等。

其他人除了有常见的单髻戴饰物、前后双髻、左右双髻、总角等，还有一些你想不到的。有的在头顶扎一根辫子，向后垂下，看起来非常威猛；还有不少男子会剪短发，有的剪到脖颈位置，然后戴一个额箍；有的后半部分披着短发，前面顶部的头发扎成了一个发髻，颇有点像我们现在的半丸子头。

至于罪犯或是俘虏，女子一般盘发或扎成发髻，

妻

母

冠

元

男子一般就直接是光头或者中分披发，等等。

从两个非常典型的甲骨文字中，也能隐约看到商朝的发型。，这个是"妻"字，字形中的这位女子还未正式成为别人的妻子，头发仍是披散着的样子；（），这个是"母"字，成为母亲后，头发一般就会扎起来，就像"母"字甲骨文一样，头上戴着簪子或是帽冠。

如果我们仔细观察商朝遗址出土的小人，会发现他们中的许多人头上都戴着冠，多到让人不禁好奇，商朝人这么爱戴帽子吗？

甲骨文里也有"冠"字，写作，下面部分是"元（、）"字，和普通的"人"字相比，突出了脑袋部分，"元"字本义指的是人头。上面部分是一顶帽子，整个字形就像是人戴着冠帽的样子。

甲骨文里还有一个这样的字，，依然是人戴着帽子，只不过这是个跪坐的人，这帽子看起来也更加内扣、松软。跪坐或者说踞坐，是商朝的一种常见也更符合礼仪的坐姿，和脚放在前、岔开双腿的箕踞坐姿，正好形成鲜明对比。这个甲骨文就是"冕"字，指的是地位比较高的人戴的冠。

其实人们戴冠帽，刚开始更多是出于实用的目的，也许是为了束发或者打猎时护住眼睛。后来慢慢地演变成了一种日常服饰，再到后来就成了身份地位的象征。不同的人戴不同的冠，地位越高的人冠越华丽，冠上点缀的饰品也越多。

冕

到了商朝，冠在形制上已经五花八门。有的冠非常简易，像是后世的头巾，只用一块布包裹着脑袋；有的冠像是一个圆形的头箍，头顶的发仍旧露在外面，这种冠叫作颏（kuī），以布或革为材料，一般用它来束发，非常简便日常；有的布质帽冠齐齐地覆盖了整个额头到后脑的位置，冠顶的四周有缀物来固定；有的冠很高，冠上缀满了玉石一类的饰品；有的冠在圆形头箍的基础上，还有卷筒状的精致饰物，这类冠名为冠卷，形制华丽，一般是贵族的专属……

整体看来，商代贵族们的发型冠帽繁复而稳定，服装有时庄严有时争奇斗艳；而平民们在发型上更加自由多变，服饰则偏向于朴素。如果穿越回商朝，我们就可以根据人们的着装与发型来判断对方的身份了。

当殷墟审美碰上三星堆审美

关于中华文明起源，苏秉琦先生曾提出著名的"满天星斗"说。他说我们的文明不似一支独自燃烧的蜡烛，而更像是满天星斗。是啊，新石器时代到夏商时代，中华大地上曾有许多风格各异的文明同时存在着，溪流纵横的江南水乡有良渚，河水奔腾的黄河之畔有殷墟，广阔富庶的成都平原有三星堆……它们在四面八方闪耀着自己的光，不就像是那满天星斗吗？也正是经过这许多文化的交流、融合、碰撞，中华文明才成了现在的样子。

所以三星堆文明里会有商朝风格的纹饰也就不奇怪了，虽然相隔数千里，人们仍然以最原始的方式交流传递着彼此的文化。

周原甲骨文里有"伐蜀"的记载，其中"蜀"字写作 𝔰，特别突出了大大的眼睛，正像是三星堆青铜器里人脸的样子。

三星堆出土的文物里有一件青铜器，头部是明显的三星堆风格，戴着羽饰冠，眼睛大大的，但跪坐的样子、手放在大腿上的姿态以及身上的服饰——右衽及膝、窄袖至腕、腰间束带，都像极了中原商文化。

不难想象，当一群中原的商朝人，长途跋涉来到成都平原古蜀国，和这里的人们面对面相遇时，心里会是多么惊奇和诧异。

不同于商朝服饰普遍的外长内短，古蜀国的人穿衣常常是内长外短，看起来层层叠叠的；不同于商朝服饰普遍的长袖，古蜀国的人也有穿短袖的，发达的肌肉因此显得格外突出。

　　他们还会发现这里的人大多打了耳洞，戴着耳饰，有的甚至打了四个耳洞；裙子也有长有短，有的刚到膝盖，有的是过膝的百褶裙，有的是前短后长的长裙……和商朝类似的是，这些衣服裙子纹饰丰富，看起来曾经应该也是"花里胡哨"的样子，看来大家对鲜艳美丽衣服的喜爱倒是如出一辙。

商朝男女的恋爱与婚姻

人非要结婚吗？

结婚的意义在哪里？

这是长期萦绕在当下男女心头的疑问。要全面地思考这个问题，不妨先了解下婚姻制度是如何在我们社会中产生和发展的。

当我们的文明发展到商朝时，婚姻制度已经基本稳固，不过仍遗留了不少早期婚姻的痕迹，甲骨文字中也藏着婚姻制度产生早期的故事。

当时的人是怎么办婚礼的？会恐婚吗？对他们来说，婚姻又意味着什么？

现在，让我们将时间线拉回到 3000 年前，去一探究竟。

妻子是男人的战利品?

女

"妻子"是一个美好的词汇,而"妻"字在早期却没有那么美好。甲骨文里的"妻"字形长这样——𡥅。𢆶是甲骨文里的"女"字,一个女子双手交叉于胸前,一副温顺的样子;𠂇是甲骨文里的手形。"妻"字最初的字形,像是一只手抓着一个长发女子。古文字学家们认为,这是远古时代掠夺婚姻的反映。[1]

所谓"掠夺婚姻",还有一种说法,叫作"抢婚"。简而言之,就是男方部族用武力抢夺其他部族的女子成婚。《周易》中,有类似抢婚场景的描述:"乘马班如,泣血涟如""匪寇婚媾"。马蹄声响起,其间还有女子悲痛的哭声,不要以为是匪徒来了,而是婚媾,有人在嫁娶。

"婚"字左边是"女",表示和女子有关,但右边为什么是"昏"?文字学家许慎认为,原因在于《仪礼》里说的"娶妇以昏时"。娶妻子要在黄昏天暗下来的时候。《说文解字约注》中解释:"古娶妇

---

1 暴希明. 从甲骨文"姓""娶""妻"诸字的构形看古代婚姻形态的演进 [J]. 殷都学刊,2010(1).

必以昏时者，当缘上世有劫掠妇女之风，必乘夜昏人定时取之。"

也就是说，很久以前，世上有掠夺妇女成婚的风俗。

傍晚，年轻的女人劳累一天，已经入睡。她没想到危险正在临近。隔壁部落的单身男子，带着自己的兄弟或者邻居悄悄地摸到了她的门外。踹开门，将睡在最外面的女人从床上猛地拖起来。天色昏暗，没有灯，或者即使有也来不及点亮。一片混乱中，被抢走的女人只觉得颠簸得厉害，再睁开眼，已经到了另一个部落。她的身份也随之改变，再不是谁的姐妹，或者女儿，而是抢走她的男人的妻子。

这些在当时都是普遍存在的，也被视为合法合理。

最直接保留这一原始婚俗痕迹的，是"娶"字。其实"娶"最早写作"取"。先秦文献里经常用"取"字来表示"娶"的意思，比如《诗经·齐风·南山》里的"取妻如之何"，《论语·述而》中的"君取于吴，为同姓"，等等。甲骨卜辞里也是用"取"来表示"娶"的意思，比如"取𢀓女……"（《合集》19982）和"取�女"（《合集》676），指的就是娶𢀓地的女子、娶𠮷地的女子。

"取"字的甲骨文字形长这样——𦥑，左边部分是甲骨文里的"耳"字，就像是一只耳朵的样子，右边是手形。整个字形就是用手抓耳朵。

这个字形是什么意思？

《周礼》里给了解答："获者取左耳。"就是说，曾经人们捕获野兽或战俘的时候，往往割取左耳来记功，所以"取"字才以手抓左耳为形。

取

这也是为什么《说文解字》说"取"字最初是"捕取""获取"的意思。

曾经有个野蛮的时期，除了没有割耳那血腥的一步，人们获得妻子的过程就像是"取"字展现的那样，仿佛获得了一个战利品。大概也因此，"取"字后来才引申出了娶妻的意思。

而当一个字承载了太多意思，古人常常会选择用增加义符的方式，把其中一些字义区分开。义符是表示意义的偏旁。比如"暮"曾经写作"莫"（𦳊），整个字形就像日暮时分太阳落入草莽的样子。后来，"莫"被借用来表示"不"的意思，为了和之前的意思区分，就在下面又加上了义符"日"来表示日暮。"取"也是一样，人们为了把"取"的各种意思区分开，就加上了女旁作为娶妻之"娶"。

"娶妻"两个汉字，生存发展了至少3000多年，上承一段人类早期野蛮史，后启一部社会礼仪发展史。它亲见了一个时代的落幕。见微知著，从它身上，我们可以试着窥探时代是怎样被推动着前行的。

曾经，男性都是要倒插门的

凡事总有一个演变、成长、进步的过程，人从小长到大是如此，人类从过去发展到现在也是如此。令人疑惑的是，"抢婚"这样野蛮的风俗到底存在于何时，又是怎样产生的？

我们先来看甲骨文里的"姓"字，𡛷。左边一个人跪坐着，双手交叉于胸前，𡚸是甲骨文里的"女"（女有时也写作𡚸，甲骨文时期，汉字注重部件不注重朝向，常常不分左右），右边∀像是我们小时候绘画时常画的小草，事实上它也确实就是甲骨文里"草"的写法，下面一横往往代表大地。∀，指大地上生长出了一株小草，这就是"生"字最初的样子。它给人的画面感，恰好应了那句"离离原上草，一岁一枯荣。野火烧不尽，春风吹又生"。一个字和一首诗，我们的造字者和千年后的白居易，竟有着一种心有灵犀的默契。

话说回来，"姓"字为何是"女 + 生"？《说文解字》说："姓，人所生也。"换句话说，"姓"像是一个人生下来之后的代码，代表着你从哪里来。我

姓

们现在大多跟父亲姓，而"姓"最初产生的那个时代，并非如此。

古代典籍里记载的最古老的那一批姓，黄帝姓姬，神农姓姜，少昊姓嬴，虞舜姓姚，夏禹姓姒。显而易见，它们有着一个共同点，都带有女字旁。为什么会这样？

东汉《白虎通义》中说："古之时，未有三纲六纪，民人但知其母，不知其父。"曾经有一个时代，规范人的礼仪还没有产生，没有三纲六纪的社会关系和行为准则，在那个时代，人们只知道自己的母亲是谁，不知道自己的父亲是谁。这形容的就是母系氏族社会。

此时的社会，人类实行的是群婚制，一个男子可以有很多个"妻子"，一个女子也可以有很多个"丈夫"。所以，出生的孩子只知道自己的母亲是谁，却无法明确知道自己的父亲是谁。

不少神话传说中的人物也存在这种情况，比如商始祖契，传说就是母亲简狄吞了一个鸟蛋后怀上的。还有周始祖后稷，据说是姜嫄踩了巨人的脚印后怀孕生下的。神话有时也是现实的一种反映，究其原因，大概就是因为，这些古老的祖先当时所处的社会仍是母系氏族，确实是不知其父。

社会发展运转之中，一方面大概是发现直系亲属之间的后代容易出问题，一方面也是以集体抵御外界的需求，人们需要一个区分血缘的标志。于是只知其母、不知其父的人们便创造出了一个以区分母系血缘而产生的标志——姓。这也是为什么最初的姓大多带有"女"旁，"姓"字的写法是"女 + 生"，原因也在于此。

后来转变到父系社会，父系血缘宗族符号的"氏"逐渐出现并普及开来。到西汉时，先秦意义上的"母姓"已经消失，在这之后所说的"姓"，说的其实都是"父氏"。

而"抢婚"制度，正是在母系氏族向父系氏族发展的过程中产生，或者说直接加速推动了这一进程。

农业的产生让先人不再风餐露宿，开启了安居于一方的生活，氏族也逐渐发展壮大，一部分人有了建立一个长期或短期固定配偶的需求，于是，对偶婚就这样出现了。

所谓对偶婚，就是男女结成一种比较松散的婚姻关系，不受约束但稍作固定，时间可长可短。这样的婚姻关系，往往是男子去往女子那里，生的孩子也只归属于女子，男女和各自氏族关系的牢固程度远大于婚姻关系。考古发现，很多氏族墓地中，儿童都只附母亲身旁，却从没发现父子在一起。此时的氏族社会，仍以女性为主导。

但因为生产和战斗上的天然优势，社会对男性的需求不断增加。当氏族内部逐渐产生以男性为主导的迹象，关于旧婚姻制度的矛盾也开始出现，谁到谁那儿去成了一个尖锐的问题。对当时的氏族来说，人力是珍贵的资源，获得一个女子，便是获得了一个直接的人力，也可能获得更多的后代。而这个去往其他氏族的人，也意味着将失去之前所有的政治、关系和经济，成为一个半附属的人。

一项涉及利益的制度，往往难以在平静中温和地改变，总要经过一定的撕扯、暴力与伤痛。"抢婚"制度大概就是在这样的背景下出现的，谁去谁那儿？谁的力量大，谁就占据主动权。为了氏族的利益，一些男性开始运用自身的力量优势强迫女子来到自己的氏族，以缔结一段婚姻。这样的选择后来一步步扩大蔓延，直至遍布社会。当抢婚这样特殊的暴力事件，在互相的拉扯妥协中，慢慢演变成大家习以为常且能接受的习俗，母系氏族社会也正式迈向了父系氏族社会。

甲骨文里的"情书"

到了商代，社会发展，人口增多，部落的力量越来越强大，早已生长出国家的概念。上层贵族造字立法，一定程度上约束人性，剥下了一层野蛮的外壳。这时的婚礼，不再是蛮力的抢夺，转向了一种彬彬有礼下的协议。

这一天，商国君主汤派人来有莘氏求娶有莘氏国君之女。

有莘氏是距离商不远的一个方国。根据考古推算，商代女子出嫁的平均年纪，大约在 15 岁。这一年，有莘氏国君的一个女儿正好到了 15 岁的年纪。当时贵族女子大都会接受良好的教育，文、武、乐、舞、农等，多少会涉及一点。历史对这位女子的记载实在太少，但可以推断，她应是穿着不凡、有智有才的一位少女，有着接受过贵族教育的不俗身姿与气质。

听闻商国君前来求娶的消息，有莘氏的这位公主原本无忧无虑的心突然紧了起来，马上就要离开家到一个陌生的国度了吗？她没想到这一天来得那么突然，对未知的惶恐中，又隐隐夹杂着一丝好奇与期待。

告

《尔雅》中说"古者皆谓婚姻为兄弟"，这里"婚"指的是女方家族，"姻"指的是男方家族，整句话意思是，当时婚方和姻方是兄弟一般的亲戚。结成婚姻是两国交好的证明，意味着两个家族力量的整合，以后约等于是一家人了。

而商国力强盛，能和商联姻自然是再好不过了，有莘氏国君喜不胜收。

接下来就是盛大的礼仪，宣告天下两个家族将结成姻亲。

商王先要在宗庙前祭祀先祖，告诉列祖列宗自己订婚了的消息。"告"字甲骨文，有学者认为上面的牛头是祭品，意味着这个字和祭祀有关，下面是口，表示祷告。"告"最初和祭祀祷告有关，指的是向神灵或祖先祷告。[1]

然后是"请期"，就是敲定婚礼的吉日，一般是

1 徐山. 释"告"[J]. 长安大学学报 (社会科学版), 2004(3).

谁势力较强就听谁的。根据甲骨文的记载，不管商娶妻还是嫁女，基本由商来定这个吉日，吉日多在二月的某个丁日。古人顺应自然，二月正是仲春之月，是万物生长繁衍的季节，人类婚娶也当顺应这样的自然法度。

接下来就是最重要的"亲迎"，也就是迎亲、结婚之礼。商王将会装点宫室，同时派上一队人带上迎亲礼前往迎接新娘。女方提前多日便开始准备嫁妆。有莘氏国君为女儿准备的陪嫁财产自然是丰厚的，除了各种青铜器物，还有一队精心挑选的陪嫁人员。

迎亲的人、陪嫁的人，还有马车，迎亲队伍可谓浩浩荡荡、热闹非凡。路经之处，无人不晓，这是商王汤在迎娶有莘氏女，商与有莘氏已结为姻亲。

这就是商朝一位贵族女子所能享受到的最盛大的婚礼。

残酷的是，众人皆知这场盛大的婚礼背后，商汤真正想要迎接的，根本不在于他的这位新娘，而是陪嫁人员中的一员——伊挚。

伊挚名曰挚，氏为伊，被有莘氏的一位厨师养大，服务在有莘氏国君的身边。关于这个人，史书上的说法很多，《墨子·尚贤下》中说他"为有莘氏女师仆"，就是说他是有莘氏公主的老师。可既然是"师"，又为什么是"仆"呢？这涉及商朝时候的奴隶制度。

根据传世文献以及甲骨文的记载，能比较确定地说，商代存在奴隶。表示奴隶意思的甲骨文里，有两个我们非常熟悉：臣和姜。"臣"字甲骨文ᑫ，字形像一个竖着的眼睛，一般指男奴。郭沫若认为，这是因为奴隶服侍主人时常常俯首帖耳，不敢正视，所以才用竖立的眼睛来代指奴仆；

"妾"字甲骨文 𡜐，字形是女子头上顶着某件东西，这东西究竟是刑具还是某种装饰物，现在仍无定论，我们只知道这个字最初大概率指女奴。

《尚书·费誓》曰："马牛其风，臣妾逋逃。"这里"臣妾逋逃"说的就是男奴女奴逃跑了。《周易》中有"畜臣妾，吉"，将臣妾和畜并列，可见早期奴隶地位的低下。

甲骨文里也记载了多次奴隶出逃的事件，还记载了商人用臣和妾作为人牲祭祀先祖的例子。"己卜，叀𢀛、臣、妾御子臧妣庚？"（《花东》409）说的就是逢己日占卜询问，是否把𢀛、臣和妾献祭给子臧和妣庚以祈福祛灾。

这些奴隶是怎么产生的？一般是两个国家打仗，赢的那方就把年幼的战俘掳回家当家奴。这些奴隶里，能力比较强的可能会慢慢脱离奴隶的身份，"妾"被收作妻室，地位大大上升；"臣"被用作管事，辅佐各项国家事务。甲骨文里就见有玉臣（管理玉的小吏）、刈臣（管理收获的小吏）、丘臣（管理山丘的小吏）、少凤臣（管理昏凤报时的小吏）、床臣（管理寝具的小吏）、鬲小臣（管理鬲炊器的小吏）、马

臣

妾

小臣（管理马的小吏）、酓小臣（管理酓酒的小吏）、鼓小臣（管理鼓器的小吏）等近二十个。

就这样，臣慢慢演化出了臣子、臣属的意思，妾也有了妾室的意思，究其根源，其实都和商代的历史息息相关。后来社会文明发展，商代的奴隶逐渐消失，只留下当时"臣"和"妾"的用法，在历史的长河中游荡了长达几千年，几乎被冲刷尽了最初的痕迹。幸而，追随着这两个字，我们还能模糊看到，这一路走来，我们并不都是一帆风顺，有时总要披荆斩棘，在一次次推翻与建立中艰辛地向前摸索着。

上文提到的挚据说就是奴隶出身，这也是为什么他做了公主老师后，被称呼为师仆。奴隶出身的他能服务在有莘氏国君身边，做有莘氏女师，可见他的能力非同一般。事实也确实是这样，根据《孟子·万章》的记载，他"耕于有莘之野，而乐尧、舜之道焉。非其义也，非其道也，禄之以天下，弗顾也"。挚不仅是个技艺精湛的厨师，还能农耕，喜爱尧舜之道，讲起治国来头头是道，既有德行又有才能，早就声名在外。

根据《史记》等书的描述，这个时候的商国君主商汤是一个宅心仁厚、求贤若渴的君主。当他听说有莘氏有一位学识渊博的厉害人物，还通晓着治理天下的道理，自然心痒痒，迫不及待地前往有莘氏，向有莘氏国君求此人。据《吕氏春秋》说，此时的伊挚其实也想归附于商汤。

但有莘氏国君会怎么想，能轻易同意吗？商国力比较强盛，不好招惹，可正因为他国力强盛，才得要更加谨慎，万一他得到我这位能臣之后，国力变得更加强大了怎么办？他变强就是我变弱，到时候惨的可能就是我有莘氏了。权衡之后，他婉拒了商王。

商王冷静下来以后，自然也能想明白这事儿。既然你忌惮我，不愿意给我这位妙人儿，那我就想办法让你不用再忌惮我。于是，商王立即派人前往有莘氏议婚，求娶有莘氏女，便有了本节开头的婚礼。

通过这场婚礼，商汤得到了一位能臣，在其辅助下领导诸侯推翻夏朝，开启商朝盛世；有莘氏结交了强大的商国，国家安全有了保障；伊挚也因此得以来到商汤身边一展宏图，官至宰相，最终成为名垂青史的伊尹。而有莘氏女呢？她成了商汤的吉妃，生下太子丁、外丙、仲壬三子，又将曾经的师仆伊尹教给她的悉数教于孩子。西汉刘向《列女传》说她："明教训，致其功。"意思是她对儿子的教育促成了帝功。

关于这个故事有多个版本，这里选择以《吕氏春秋》中的记载作为底本进行讲述，是因为这个故事最能展现商时期王室贵族的婚姻状态。上层贵族的婚姻大多依托于家族，更多是为了力量的整合，追求政治目的。而女子就是这场连接中的纽带，她是那枚筹码也是那枚棋子，所有人以她为贵，尊敬她重视她，只唯独忽视了她的个人意愿。到最后，我们连她的名字也无处寻觅，只知道她是"有莘氏女"或是"商汤王妃"。

令人稍感欣慰的是，凡事总有例外。商朝历经500多年，总有那么几位王妃因为她们强大的个人能力而冲破一切阻碍，将自己的名字与故事留了下来。

比如妇好，既能识文断字，也能占卜祭祀，还有一身武力和带兵打仗的天赋，嫁给当时的商王武丁后不仅未掩埋光芒，反而最大程度地展现了自己的风姿。

看这些卜辞：

壬申卜争贞：令妇好比沚䣛伐巴方，受有佑。（《合集》6479 正）

贞：王令妇好比侯告伐夷。（《合集》6480）

大概意思是"王令妇好征伐巴方""王令妇好征伐夷国"。是的，妇好常年在外征战，是名副其实的女战神，她统领商朝军队打败了周围二十多个小国，为扩大商朝版图立下赫赫战功。

她的强大也为自己赢得了尊重与牵挂。在外打仗时，商王武丁大概是常念着她的，所以才不断地向上天询问归期。他的思念在甲骨上留下了证明：

贞生十三月妇好不其来。（《合集》2653）

癸酉卜，亘，贞生十三月，妇好来。（《合集》2653）

妇好隹 [有] 害？（《合集》2667 正）

妇好不隹[有]害（《合集》2667正）

这是武丁在卜问"妇好回来了吗？""妇好还没回来吗？""妇好会有灾祸吗？""妇好不会有灾祸吧？"

妇好生病之时，武丁时常向神灵占卜询问她的病情，他的忧虑也在甲骨上留下了痕迹：

贞：妇好胎隹出疒。【贞问：妇好的病会好起来吗？】（《合集》13633）

贞：妇好不延疒身。【贞问：妇好的病还会拖下去吗？】（《合集》13711）

最后妇好病死之时，墓葬规格级别之高、祭品之多，甚至超过了商王武丁自己的墓葬。

"妇好"两字在甲骨文里写作""。妇（）字就像一个扫帚，用绑绳把白茅、芦苇之类的植物束在一起，非常形象的一个扫把。因为古代妇女的主要工作还是操持家务以撑起一个家，女主内男主外，于是就用家中离不开的"帚"来代表"妇"。

男

子

就像甲骨文里的"男"字写作▯，左上部分是"田"，右下部分是"力"，最初指一种农具。用农具卖力在田中耕作，古人以此来表示男性，反映了当时大部分男子比较有力量的一个特点，以及他们在当时的主要工作。相对应地，女（▯）字是一个女子双手交叉于膝跪坐的样子，一方面指代女子相对更温柔的特点，另一方面也指代当时女子更多还是做一些在家中的工作。"妇"字更是强化了这一点。这是由当时的社会分工决定的。

后来为了把"妇"和"帚"两个意思区分开，就在"帚"旁边加了"女"旁，来表示"妇"，写作▯。在这个字的基础上，才演变出了我们熟悉的"婦"字，简化时省去了右下部分，便成了"妇"。

"好（▯）"字一边是女（▯），一边是子（▯）。▯非常形象，因为小孩子就像这样普遍头大身体小。整个字以女子和孩子，来会意美好、友善。也有说这和早期妇女生育繁衍能力在古代受尊崇有关，因女子生养孩子在古代被视为一种美德，从而引申出"美好"的意思。

只不过妇好本人和她的名字却完全不同。她的主要工作并不像普通妇女那样在家中操持，而生子对她来说也并不是一件美好的事，恰恰相反，一片甲骨卜辞上曾记载妇好分娩情况不佳，这意味着她很可能曾经历过一场痛苦的难产。

除了妇好，甲骨文里还有不少令人印象深刻的女性人物，比如擅长处理农业事务的妇井，经常负责整治甲骨的妇喜，等等。她们都是充满传奇色彩、独具魅力的女子，尽管来到了一个陌生的国度，却依然活出了自己的风采。史书没有记下她们的名字，但甲骨文刻下了她们的痕迹。这些名字和故事尘封了几千年后重见天日，如今我们终于能说：我们没有忘记你，也不会再忽视你。

"念"字：最早的情话

像商汤和有莘氏女这样的婚礼，在当时一般是上层贵族阶级的特权。对于那时的大多数平民来说，大概并没有多少利益可供交换，也没有太多力量需要整合。

考古挖掘资料显示，殷墟挖了近万座墓，但半数以上是单人墓葬 [1]，男女合葬的虽有，但占比小。殷墟出土住房的基址，也有一些很特别。房间

---

1 宋镇豪 . 商代婚姻的运作礼规 [J]. 历史研究，1994(6).

念

多，但都很小，尤其是床，基本只能睡一个人。每个房间会有一到两个灶，煮饭的陶鬲很小，基本只能供一个成年男子或者一个女子和孩童使用。

这也就意味着，在商代的平民阶层，大概率仍然存在着类似对偶婚的婚姻制度。男女以自由意志结成松散的婚姻，在某些特定的时候进行结合。也是一夫一妻制，只是关系并不紧密，很多时候孩子只和母亲一起生活。

传世文献的记载也能证明这一点。《周礼》里就说："中春之月，令会男女。于是时也，奔者不禁。"说的是在某个季节，男女可以自由结合不受约束。

也就是说，在商朝的平民之间，可能存在所谓自由恋爱和生育的。甲骨文研究专家宋镇豪就据此推测，对当时相当一批平民来说，人口的繁殖通过"会男女"实现，无所谓婚娶礼仪。

只是，甲骨文里还未发现有爱、恋等字，相关的只见有"念"字，写作 ，下面是"心"，表示古人认为人是用"心"这个器官在思念，上面是"人"，是声旁，又有"聚集"之义。整个"念"字以聚心会思念之意，一个字就是一句情话：我的心无法思考其他，所有的空间都在想你。

现在发现最早的"爱"字出现在战国时代，由心和旡（jì）两部分组成，写作，中间的是"心"的一种古文字形，外面部分是"旡"字，人张着口想要打嗝的样子，作声符同时表义。整个字如人张着口，手抚着心，非常形象。就像是一个人看到爱人后心动不已，张嘴不知道说什么的样子，又像是一个人无法和爱人在一起，心痛不已抚着心悲痛欲绝的样子。看来那时候的人就已经在被"爱"折磨了。

后来秦始皇统一六国，书同文，使用的小篆字体里的爱成了这样——，下面部分多了"夊"，就是一只脚，其实就是代表着行动。看来那时候的人对爱的认识又进了一步，爱不只是心里想想，不只是嘴上说说，而是需要踏踏实实地付诸行动。我们繁体字里的"愛"字就是由这个字形演变而来。

可为什么甲骨文里没有"爱"字呢？我们已很难找到准确的答案。也许"爱"字在当时是存在的，只是没有刻在甲骨文上；也可能"爱"的概念在那时候还未普遍形成，毕竟人们结婚更多是为了家族联姻，而当普通人"念"着一个人的时候，只需等着某个时节的到来，和他自由结合。

我们可以想象，当一年一度的农历二月到来，就意味着春天到了最盛之时，万物复苏，暖风让萌动的生命疯长，也让尘封的情意暗涌。也许某个男子和女子早已暗生情愫，这个月他们终于可以互诉衷肠，一起踏青约会、嬉戏玩闹、释放情感、孕育生命。

至此，两人就算是建立了一种特殊的关系。尽管马上又要投入繁忙的生活当中，但他或她心里明白，还有一个人在。乍一看，还真有点类似我们现在的恋爱关系，虽然不在一起生活，但又有着千丝万缕的联系，彼此都心意相通。

当然，随着社会和礼制的发展，稳固的婚姻制度也慢慢从上层社会扩散到了下层社会，然后稳固地传承了几千年。稍有区别的是，王公贵族们常常存在一夫多妻的现象，而普通平民大多是一夫一妻。

婚姻制度的变化，往往昭示着时代的变化。一场场的婚礼，改变了某个人的命运，也改变了某代人的命运。热闹盛大的婚礼背后，可能隐藏着原始的野蛮，可能隐藏着利益的权衡，但也有着温情和智慧，有着勇气和希望。

在商朝，学生都学些什么？

　　我们的文明很早就开始重视教育，早在 3000 多年前的商朝，学校教育就已初具雏形，我们能在那里看到社会与教育早期的样子。

　　那么那个时代，人们会学些什么？又是谁来教，谁来学呢？

养老院里的学校

商朝武丁王是出了名地重视人才，他在位期间，身边叫得上名的能臣干将最多。甘盘、傅说、望乘等，个个功绩卓越，甚至妻子妇好、妇井也是各有所长，一位擅长打胜仗，一位擅长搞农业。

不过要说武丁最喜欢的臣子，大概率还得是傅说，这位奴隶出身的宰相不仅军事能力强，还为商代的社会教化做出了巨大贡献，其中重要的一项就是"视学养老"——教育和养老工作。

没错，在商代，"教育"和"养老"两项工作常常放在一起说。

根据商代的政策，"大夫七十而致仕"，就是说大夫 70 岁以后就可以退休了。《礼记》记载："殷人养国老于右学，养庶老于左学。"《通典》记载："殷制，大学为右学，小学为左学。""国老"指到了年纪退休的国之重臣，"庶老"指的是一般的退休官员，也就是说，殷商官员退休后，重臣会在"大学"养老，官职较低的，在"小学"养老。

中国古代历来重视养老问题，宣扬尊老养老。甘肃出土的西汉《王杖诏书令册简》记载的，就是当时一系列尊老养老制度的法律法规，而统治者对老人的重视，至少从夏就已经开始。

这也在情理之中，在一个平均寿命短、书册又很少的时代，饱含阅历和经验的老人，本身就是一个巨大的宝藏，国家自然对其很重视。

朝廷将退休的官员集中在小学和大学之中，让他们把一代代积累下来的知识和经验教给新的一代。这种做法，既能让老人得到应有的赡养，又能发挥老人的价值，还能用最好的资源培养新一代，可谓一举多得。

只是，大学和小学，“大”，大在哪里？“小”，又小在哪里呢？这和大学、小学里所教授的内容有关。

祀

一般来说，国家需要怎样的人才，教育便主要教授怎样的知识。对于商朝来说，“国之大事，在祀与戎”。“祀”甲骨文字形写作，右边部分“巳”是声旁，左边的“（示）”是神位，指的是祭祀、礼仪；“戎”甲骨文写作，由一面盾牌和一把武器戈组成，字如其形，以干（干即指盾牌）戈来表示战争、军事。

示

戎

商代重祀与戎，祭祀之礼与军事武力便是王室贵族们的重要学习内容。《周礼》六艺记载了古代教育的六种科目，分别为礼、乐、射、御、书、数。商代大学所学，就相当于六艺中的礼、乐、射和御。

至于小学教育，主要在书和数两方面，对商朝贵族来说，这是基础课。书指的是识字、书写，数指的是算数、卜筮。

《礼记》里有记载：“天子命之教，然后为学。

小学在公宫南之左，大学在郊。"说的是，天子命令诸侯办教育，然后才设立学校，小学在宫左，也就是王宫东南方向，且在都城内，而大学在国都的郊外。

这和大学、小学里教授的内容正好也能对上。祭祀之礼与军事武力需要较大的场地，因此大学设在宫右之西郊；书和数与王宫内务密切相关，且无需较大场地，因此小学设在城内宫左便可。

所以大学相对于小学，既是场地之大，也是教授科目之大，还是教授人员之大。

养老院里的学校，集结了商王朝最年老和最年轻的一批人。也是在这里，中国最早的教育形式经过夏代的萌芽后，快速发展起来。

需要补充说明的是，小学、大学是总称，具体的学习场所又有其他称呼。有说"夏曰校，殷曰序，周曰庠"（《孟子》），也有说"殷曰庠，周曰序"（《说文解字》）。我们现在"学校"两字，便是综合了夏商时候的叫法。

负责教授王室贵族子女的也不仅仅是老人，有时是官吏，有时是有地位的诸妇，有时甚至是商王本人，谁有能力谁就上。

教师在这时候还没有形成职业，"师"字在甲骨文里多表示军队，写作 𠂤 或 帀。𠂤 是土堆竖起来的样子，人成堆便成了师；帀 就是"匝"字，表示"周""环绕"的意思，人聚集环绕在一起也就是师。后世把两个字形合在了一起，便成了我们熟悉的"师"繁体字"師"。

后来慢慢地，师开始从军队扩散到其他领域，一些统领众人的人，也被称为师。比如周代掌辅导王室、教育贵族子弟的官叫"师氏"，《周礼》里记载"乐师"掌国学之政，春秋战国各国也给国君安排教官，叫"师"或"傅"。这些官职，工作内容都和教学有点关系，师就这样渐渐引申出了教师的意思。而我们历史上第一位真正的老师，是春秋时期的孔子，也是他开创了平民教育，让教育不仅仅是上层贵族的专利。

师

匝

许多俗语都是时代的回声。老师之"老"的确指的是年龄资质之老，"家有一老，如有一宝"确实是某个时代发自内心的声音，"尊老爱幼"也并非只事关道德，而和一个国家的发展息息相关。这些俗语都曾是一个时代的人们发自内心总结出的真理。

甲骨文里的"练习册"

小臣宾已年过七十，这天是他光荣退休的日子。他退休前是个小官，退休后只能养在小学。人上了年纪睡眠就浅，小臣宾这天早早地便迎着日光来到了小

老

学。尽管他一直坚持锻炼，到了这个年纪，仍然免不了驼背弯腰。

他拄着拐杖漫步在小学的屋舍之间，不经意看到了地上自己的影子，那副样子让他一下子想到了"老"字——🦯。左边是弯腰驼背的长发老人，右下角是手拄着一根拐杖，一字一影，正好映出了他现在苍老蹒跚的模样。他忍不住叹了口气，活到这个年纪，身边人早已寥寥无几，他们都已经去了另一个世界，在那里庇佑、等待着自己。

根据殷墟中小墓出土的人骨鉴定材料，殷商时期社会平均死亡年龄约为34.3岁。也就是说，大部分人根本活不到老。疾病、战争、灾荒，太多的意外能把人的生命拦截在半途之中。想要见见自己老去的样子，对多数人来说是种奢望。

庶老宾实在算是能人中的幸运者。在这个老人稀缺的年代，"老"就是"宝"的代名词，意味着他将获得整个社会最大的尊重。尤其能被赡养在"学"的，之前都是有一定声望和社会地位的人。

就在他暗自伤神的时候，小学里已经热闹起来。几个白发老人三三两两地出现，手上有的拿着竹册，有的拿着龟甲，有的拿着筮草，后面跟着一群孩童。

其中武丁的三个儿子尤其引人注目。子弓是大哥，走在最前面，表情认真严肃；子跃排第二，安静地跟在身后；子载最小，看起来精力很充沛，不时地东张西望着。

武丁是把"国之大事，在祀与戎"这句话践行得最为淋漓尽致的一位商王。他在位 59 年，南征虎方，东打夷方，北伐鬼方、羌方还有周族，大大地扩大了商朝的版图，形成"邦畿千里，维民所止，肇域彼四海"（《诗经·商颂·玄鸟》）的盛况，商朝国力达到顶峰，后世称他在位这段时间为"武丁中兴"。

武丁儿女众多，其中子弓、子跃、子载皆做过王储，名声最大。今天是宾第一天授课的日子，他要教王子们书和数。"书"就是写字，这门课相较之下最为枯燥，需要耐得住性子不断练习。

一些学生老是记不清文字的部件，经常写错或是乱写，这让他很是生气，手上的教棒挥了又挥。

他一再强调，想要记住这些符号并不难，只要用心体会观察。你们看天上的星象，看似纷乱其实有着规律；再看地上的事物，看似复杂背后都有因果。鸟兽不同的蹄爪纹理使我们得以区分它们，文字也是一样，有规律，有源头。有的字就来自你身边的某样事物，有的需要你把几个事物合在一起看，有的加了指示符号，有的是从声音上来做区别……要细细观察，细细领会。

笔

册

画

子弓仍在低头认真练习着。子跃看着自己手中握的笔，想到了"笔"字，那不就像是用手拿着工具书写的样子吗？又看到面前摆着用绳索编连竹简而成的书册，一下子让他想起了"册"字，果然是一模一样，子跃一下子来了兴致，埋头继续练习了起来。

现存最早的毛笔出土于湖南长沙战国楚墓，笔头由兔毛制成。而"笔""册"两个甲骨文告诉我们，至少在商代，就已经有了毛笔和简牍的存在。

可惜"书"字未见有甲骨文，金文写作，上面部分同样是手拿着笔，下面的"者"是声符，楷书时讹变为"書"。我们现在用的"书"，是在简体字改革时参考了草书字形。

此时子载呢，正自顾自地在竹板上画着弯弯曲曲的线条，那画面就像是甲骨文里的"画"字，用手拿着笔画出漂亮的交叉曲线。

西周金文，"画"字在曲线下又加上了"田"，表示在田地上画田界，写作，字形就已十分接近繁体字"畫"了。

子弓、子跃、子载作为王子，很可能未来会成为下一任商王，什么都得要学一些。另外还有一些孩子是向着贞人的方向在培养，除了在竹简上练习书写，还要在龟甲上练习刻写。尤其天干地支这些基本的时间用词得反复练习，烂熟于心。

出土的甲骨文里，就有不少这样的练习作品，刻得稚嫩，常有错漏。下面这片是天干地支的习刻，其中"甲戌（十尸）"误刻成了"戊戌（戊尸）"。

《屯南》2630

下面这片是狩猎卜辞的习刻，同样的内容，不同的天干地支，反复刻了几十遍，文字有些凌乱，显得稚嫩。这些学生要想成为一位真正的负责占卜刻辞的贞人，看来还有不少路要走。

甲

戊

戊

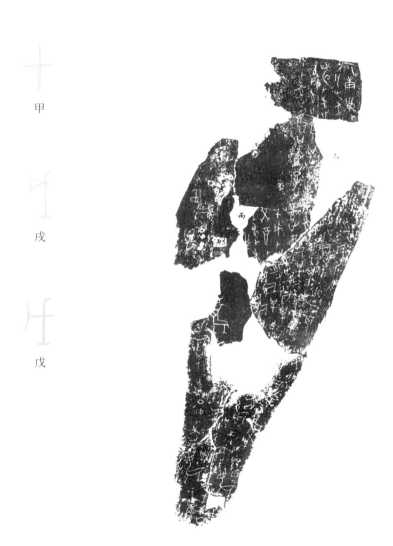

《合集》35261

　了不起的甲骨文

学完了"书"，接下来是"数"。子弓喜欢这门课，学了数，才懂计算，才知道狩猎时打到了多少猎物，战场上俘虏了多少敌人。子跃也喜欢这门课，学了数，就能推演算卦，自己不知道该怎么做的时候，就顺应上天去做。子载也喜欢这门课，虽然学得头疼，但数字的变化让他觉得有趣。

一横是一，两横是二，三横是三，四横是四三，五呢，最初确实有五横的写法三，后来大概是意识到太过麻烦，且容易搞混，于是便采取了"假借"的用法。

假借就是借用另一个同音字的字形来为自己所用。"五"后来写作Ⅹ或者Ⅹ，就是借了"午"的字形，本义为"交午"；六写作介，像是屋庐的样子，这是借了"庐"的字形；七写作十，像是一个东西把另一个东西切断，这是借了"切"的形；八写作八，像是两物分别，这是借了"别"的形；九写作乀，像是手肘，借了"肘"的形。

那十呢？丨像一条绳子上有一个绳结，这是古代结绳记事的反映。二十简写是廿，甲骨文是凵，像两条绳子结成绳结，就是两个十嘛。三十简写是卅，甲骨文是凵，三条绳子结成绳结的样子。四十简写

四

五

六

七

八

九

十

二十

三十

四十

卜

占

是册，甲骨文是山山，四条绳子结成绳结的样子……

打好了书数基础，才能更好地学习占卜。夏商周时期尤其重视占卜，《史记·龟策列传》里说："三王不同龟，四夷各异卜，然各以决吉凶。"夏、商、周三代君主占龟的方法都不同，四方蛮夷部族卜筮的方法也各种各样，不过他们都是利用占卜来决定吉凶。

确实如此，根据甲骨文记载，商王遇到什么事都要占卜问问吉凶。商朝还有一个集团专门从事占卜相关工作，以龟甲占卜为主，辅以筮草占卜。

"卜"字甲骨文写作卜、彳、卝、乀、卜等，它的字形、字音都来自古代的龟甲占卜文化。因为用于占卜的龟甲事先会经过打磨、钻凿，等到占卜时，再用烧热的荆条抵在钻凿过的位置。龟甲经过钻凿的位置比较薄，受热后会"卜"的一声爆裂，产生类似于"卜"形的纹路。然后卜官们就根据这些纹路判断吉凶。

没错，"卜"的字形来源于龟甲占卜的兆纹，字音是模拟了龟甲爆裂时的声音。而"占"字甲骨文写作占，上面部分是"卜"，下面是"口"，指的就是看完龟甲上的兆纹后，把占卜的结果用"口"述说。

甲骨文里的数字卦，则是筮占后留下的数列，记录了周易八卦早期的样子，比如"七八七六七六曰隗""七五七六六六曰魁"。但古人给我们留下的信息太少，这些数字卦该如何解释仍然是谜。现在一般就认为隗、魁是卦名，这两个数字卦相当于《周易》中的未济卦和否卦。

小学虽然名字里带"小"，但学的东西还是很烧脑的，有逻辑，有数理，还考验记忆力。古人虽然学习的科目没我们多，但智慧绝不会落后于现代人。

庶老宾的退休教学工作看来着实不轻松。

大学老师要文武双全

巧的是，另一个臣子戈也正好到了退休的年龄。他既懂祭祀之礼，也曾带兵打仗，退休前是个大官。要不是之前在战场上留了伤，哪怕已经70岁了，他也是不愿退休的。退休后，他就是荣誉的"国老"，可以在大学安度晚年。那里场地宽阔，能射箭，能御马，常有祭祀之礼在那儿举行。

接下来，他就要在这所"大学"之中，将一身本领尽数教给那些朝气蓬勃的孩子们。

这天，几个王子奉命一起去向戈学习射御之术。习射的场地位于郊野，

弹

射

离王宫有点距离，几人到达的时候，戈已经在那儿等待多时。

前来习射的孩童个个装备齐全。手中一把上了弦的反曲弓，拇指上戴着玉韘（shè），就是扣弦开弓的扳指，腰间挂着箭箙（fú），里头都满装了十支箭矢。

戈在众人面前踱着步，仔细地观察着，最后在子载面前停住了脚步。他拍了拍子载小小的身板，拿走了他背着的弓箭，从怀里掏出一把弹弓和一袋弹丸递给了他。

子载望着手中的弹丸一脸沮丧。戈没多做停留：等你用这个打准了，就能用弓箭了。

"射"是先秦时期被高度重视的一项技能，既能打猎又能用于战场，也能强身健体。太小的孩童学习射艺，出于安全，有时不用箭镞而用弹丸。考古已出土许多的商代弹丸，以陶制和石制为主，其中陶制居多。

"弹"字在甲骨文里写作⟨图⟩，就像是在弓上安着弹丸蓄势待发的样子。而"射"字写作⟨图⟩，把弹丸换成了箭矢，像是箭在弦上正要射出去的样子。有时还写作⟨图⟩，右边加上了拉箭的手形，就更加形象了。

商朝设有隆重的射礼，往往要持续数日，让子嗣展示各项射箭成果或是互相竞赛，最后用丰富的祭品祭祀先祖。

所以，各个王子都憋着一口气。子载也不例外，没沮丧多久就跟在哥哥身后用弹弓弹丸练习了起来。

学习完"射"后，还要学习"御"术。御术训练的是军事技能，主要指驾驶战车。当时打仗的时候，战车算是杀伤力强大的重要武器，殷墟考古就出土过不少战车。

如果你问几位王子最喜欢的课是什么，可能会出现各种答案，有人喜欢习射，有人喜欢习数，有人喜欢习御。如果你问大家最不喜欢的课是什么，大概率会是端庄肃穆的"社会宗教礼仪课"——礼。

"礼"的学习往往在实践中进行，商代之礼不及周代完备，目前看来最重要的还是祭祀之礼。《礼记·表记》里说："殷人尊神，率民以事神，先鬼而后礼。"古籍中记载的殷人尊神信鬼，带领民众侍奉鬼神的说法，和甲骨文里的信息正好能对上。

甲骨文的"礼"字，最初就和祭祀有关，甲骨文写作豊，一种类似于豆的高脚容器中，放着两串玉，正是用盛着祭品的祭器来表示祭神之礼。篆文里"礼"字左边加上了表示祖先神位的"示"，写成了禮，意思就更明显了，表示把祭品敬献给神。

礼

根据甲骨文的记载，商代有周祭，就是定期祭祀祖先，每隔差不多一年的时间周期，把所有直系祖先祭祀个遍。另外还有其他大大小小各种祭祀，不同的祭祀根据不同的目的，有不同的祭祀场地，不同的祭祀方法，还有不同的祭牲。多跟着祭祀几回，大概也能慢慢掌握其中的礼仪。

子弓跟随父亲武丁祭祀成汤时，曾发生过一件让他声名大振的事，《史记》《尚书》里都有记载。

那时子弓已经是王位继承人太子弓，一次武丁在祭祀成汤的时候，一只孔雀忽然飞到鼎耳上鸣叫，迷信神鬼的武丁担心这是不好的预兆。

旁边的子弓看到这样的景象立马想到，这不正是劝谏父王节俭的好机会吗？于是他在旁恭敬地一顿输出："惟天监下民，典厥义。降年有永有不永，非天夭民，民中绝命。民有不若德，不听罪，天既孚命正厥德，乃曰'其如台？'呜呼！王司敬民，罔非天胤，典祀无丰于昵。"

他先是宽慰开导武丁，上天监看着地上的人，会赞美好的品德的，为什么人的寿命有长有短？不是天要人早逝，是一些人的行为断绝了自己的性命。然后开始疯狂暗示，如果一些人有不好的品德，有不顺从天意的地方，上天已经发出暗示让他们纠正不好的品德，您觉得应该怎么办呢？最后还担心对方悟不到，几乎已经是明示，先王继承帝位被百姓敬重，其实大家都是上天的后代，祭祀的时候，祭品是不是不需要过于丰厚呢？

子弓所受到的教育看来还是挺成功的，短短几句话，可见其勇敢、耿直、认真的品性。

乐

贵族教育与乡野课堂

"礼乐"常常连在一起说，在周代人眼中，它们是不可分割的整体，代表着一种规范与和谐的治国之道。而在信奉鬼神的商代，可能就没有那么复杂。

乐，甲骨文写作 ，以丝弦覆于木上来表示乐器，有的字形中间还有调音的拨片， ，字形和"乐"繁体字"樂"相似。

乐在商代确实和礼高度挂钩，只不过是和祭祀之礼息息相关。早期人们认为可以通过音乐与舞蹈来沟通人神。甲骨文中，"乐"和"舞"就常常出现在各种祭祀中。乐舞在商代已经成为贵族子弟学习的重要内容。

礼、乐、射、御、书、数，这是《周礼》里的"六艺"，商代的课程可能不以此为名，内容也没有《周礼》中记载的丰富，但由甲骨文和各种记载可见，商代至少已初步具备了六艺的相关内容与雏形。

在"国之大事，在祀与戎"的商代，王室贵族们的童年就在学习与训练中一天天度过，和我们一样，有快乐，有痛苦，也有成长。

只是像这样的教育多针对王室贵族。平民们大概没有学习的概念，他们在生活中成长，田间乡野就是他们的课堂。一次播种，一次丰收，几句歌谣，一代的经验就在日复一日的言传身教中传给了下一代。

两个阶层，两种完全不同的光景，不过看起来像两条平行线的世界，偶尔也会有相交。一些曾经受过教育训练的贵族，也会因为罪过被贬为奴隶；一些跟着主人开阔眼界学到知识的奴隶，也可能受到赏识摇身一变成为大官。著名的商代丞相伊尹和傅说，就都是奴隶出身。看来，即使在商朝，教育也是跨越阶层最有效的通道。

千百年来，人们学习的内容一直在调整、变化。但回望商朝，我们发现有些东西似乎万变不离其宗。语文、数学、体育健身、音乐艺术，还有社会道德，这五科贯穿古今。这样看来，早在商代，人们就已开始注重挖掘自己的能力，训练自己、提升自己、丰富自己。也是这一代代教育的传承，让我们逐渐走出鬼神世界，发现人自身的价值，积累下如此丰厚的文化艺术宝藏。

商朝的打工人们

工作是普通人一辈子绕不开的话题。毕业找工作前，我们往往会很纠结：想选自己喜欢的专业，却发现冷门到工作机会极少；想选热门专业，又发现竞争压力极大。好不容易找到了工作，又经常在卷和躺平之间摇摆，想要躺平但心中不自觉地焦虑；想要卷一卷，却发现累到怀疑人生。

这样的境况仅仅存在于我们这一代吗？3000多年前的商代人，面对工作是怎样的情形？

商代的行业情况，和我们现在相比可以说是完全不同，但其中的酸甜苦辣，又似乎能与现在的我们共通。在各行各业里，我们都能看到为了生存而苦苦挣扎的人们。

"劳"字背后的汗水与艰辛

旦

民以食为天，有没有充足的粮食，对商朝的每个家庭来说都是头等大事。商以农立国，农民可以说是当时的第一大工种。

《尚书·汤誓》里提到商汤的士兵曾经抱怨，"我后不恤我众，舍我穑事而割正夏"。意思是我们的君主不体恤我们，抛下我们的农事不管，而让我们去征伐夏。从这样的抱怨中，我们能感受到民众们不愿在农忙时候远征的情绪，可见农事在商民心中的重要性。

商朝的农民们大都不识字，但有几个甲骨文，他们一定看到字形就能理解背后的意思。商代农民一天的工作生活，就隐藏在这些文字里。

我们现在的工作时间有朝九晚五、九九六等，那商代人一般几点起床工作呢？甲骨文里关于清晨时间的记录，按从早到晚的顺序排列主要有（早）、旦、日出、朝、晨等。

其中"旦"字在甲骨文里写作☉，上面部分是太阳，下面部分是地平面，整个字形就像是太阳刚从地面升起的样子。东方泛白，日未大出，到了"旦"时分，民众们便纷纷苏醒过来，迎接他们"日出而作，日落而息"的一天。这样看来，商代农民早晨的开工时间在 5—7 点，傍晚的收工时间在 4—5 点。

田

清晨赶赴农田的路上，远远望去，一位农民可能会看到这样的景象：田、𝌆、田、𝌇、田、𝌈，这些都是甲骨文里的"田"字，可见商代时，已经对农田有了比较清晰的规划。

力

其中，南北向的田埂称为"阡"，东西向的称为"陌"。左耳旁在甲骨文里写作𨸏，就像是一个个小土坡的样子，所以左耳旁的字大多和土地或者高坡有关。至于右边的千和百，皆是表示数量的繁多。《桃花源记》里的"阡陌交通"，说的就是田间的这些小路交错相通。

到了农田，人们便拿出农具来劳作。播种前，要先耕地松土，才能改善土壤环境，利于种子生长。

甲骨文里有这样一个字丿，像是一根尖头木棒，下端捆一横木，以便人们用脚踩踏。这是起土的工具，用脚把木棒踏入土中，便能达到起土、松土的作用。而这个甲骨文就是"力"字。

协

甲骨文里还有一个字，由三个力组成，写作川。三即是多，众人齐心协力一同用"力"劳作，这是"协"字。"协"的繁体字"協"右边仍然还是三个"力"，至于左边的"十"，是文字发展到篆文时才加上，以强调协作之人众多。

西藏自治区门巴族使用的单齿木耒，就是类似"丿"的形态，整根木棒长约170厘米，下端横木长约15厘米。还有云南贡山独龙族怒族自治县的独龙族，也有使用类似的农业生产工具。

不过，甲骨文里出现最多的耕地农具还是耒（lěi），写作才，就是"耕"字左边那部分。另外还有这样一个字冉，就像是一个人在用耒劳作的样子，字中的"耒"形和后世一些画像石中的造型几乎一样，前端双杈，上有脚踏。

只是商代考古目前暂未出土"力"和"耒"，未能出土的原因，我们可以在《周易·系辞》中找到一点线索。

"……神农氏作，斫木为耜，揉木为耒"，意思是神农氏兴起，砍断木头做成耜，烤弯木头做耒。耕地松土的耒耜多为木制，容易腐烂，在漫长的岁月中不易保存下来，因此考古中很难发现。目前出土的商代农具多以石、骨、蚌为主要材质，比如铲土用的铲，除草、收割用的镰、刀等等。

土和社

开垦完毕后，便可以种植庄稼了。商朝时，后人所说的"五谷"粟、黍、稻、麦、菽（豆），都已有了。其中黍产量较低，一般是王室贵族才可享用，普通百姓以粟为主要粮食。"凡谷类作物，黏者比不黏者优。"黍就属于"黏"米，和粟相比，口感较黏。

呵护农作物生长的过程，往往要耗费许多心力，既要防止鸟类、野兽来抢食，又要担忧天气。

遇到动物野兽，人们尚且可以一斗，遇到大自然不给面子，这些农户们又该怎么办呢？辛苦一年，收成如何一半看天。对于决定他们生死存亡的天地，人们自然要多加敬畏。这一敬畏最直接的表现就是祭祀。

我们常听说"江山社稷"这个词，其中"社稷"到底是什么意思？

"社"字在甲骨文里和"土"共用一个字形，就是一堆土的样子——⌂，指的是土地神。卜辞里，在农事期间常有祭祀"社"的记录。比如这条卜辞：

贞：尞于社三小宰、卯一牛、沈十牛？（《合集》779 正）

说的就是用火烧三头羊，剖开一头牛，沉入水中十头牛的祭法，向社进行祭祀。

后来为了强调"社"为神的属性，才在旁边加上了"示"旁。"示"指的是神主，也就是供奉祖先、神灵的木牌或石头祭台，甲骨文里写作 𝕋（或 𝕀 𝕀 𝕀 𝕀 𝕀 等形）。

至于"稷"，《说文解字》里古文字形一边是禾苗，一边像是鬼神之形的 𥡴，指的是一种重要的谷物，也指谷神。

古代帝王诸侯常要祭祀土地神和谷神，甚至用"社稷"来代替国家。比如《礼记·曲礼下》："国君死社稷。"意思是说国君应该和社稷（国家）共存亡。可见农业对当时国家的重要性。

可对于商民来说，大自然实在难测，有时多日不落雨，有时又一连几天瓢泼大雨。旱灾、水灾、虫灾，每一个都可能让这一年的辛苦白费。

大概正因如此，祭祀土地神和谷神还不够。卜辞记载，农事期间人们也常祭祀岳神、河神，当然还有祖先神。谁会真正向着自己？唯有祖先。

如果足够幸运，一年之中没有大灾害，顺利丰收，收成那月，将是农民们最开心的一个月。《礼记·月令》记载："农乃登谷，天子尝新，先荐寝庙。"意思是丰收的时候，农民要献新黍稷，天子品尝新成熟的谷物，尝新之前要先用以祭祀宗庙。

《诗经》中也有相关习俗记载："四之日其蚤，献羔祭韭。……朋酒斯飨，曰杀羔羊。跻彼公堂，称彼兕觥，万寿无疆。"二月开初祭祖先，献上韭菜和羊羔。……两槽美酒敬宾客，宰杀羊羔大家尝。登上主人的庙堂，举杯共同敬主人，齐声高呼寿无疆。

直到现在，有些地方仍有类似的在一定时节祭祀祖先、大宴宾客的习俗。

想着往年的丰收之喜，这一年心中自然多些干劲，不知道今年的收成将会如何？辛劳了一天，太阳西落，便是回家的时候了。

何

甲骨文里有这样一个字——，像是人肩上扛着一把锄头。这是"何"字，本义是担着、负荷。后来"何"被借用作疑问代词，本义才加上了草字头以作区分。看到这个字，我们很难不想起陶渊明《归园田居》中的那一句"带月荷锄归"，这里的"荷"，便是用了它的本义。可谓字中有画，字里藏诗。

看着这个字，我们脑海中似乎可以想象出，3000多年前的农民，在辛苦劳作了一天后，衣衫褴褛，荷锄而归的画面。田埂间，几人结伴而行，两边是矮矮的庄稼，嫩叶随风飘动，背后是血红的夕阳，正一点

劳

点落入庄稼地中，直至消失不见。

商代的农民日出而作，日落而息，一年四季难得停息，一年又一年，反复轮回。也因为他们日复一日的劳作，商朝的农业经济不断发展起来。

甲骨卜辞里，对农事的记载贯穿各月。那时候的历法和我们现在的农历不太一样，从农业生产活动来看，应该是比我们现在的农历早几个月。

甲骨文里有一个字长这样——🔥，下面部分🔥是衣，衣上的小点表示汗水。上面部分是两团火，表示劳动让身体发热的意思。这是"劳"字，繁体字"勞"和这个字形仍有相似之处。

卜辞中关于农业的记录太多了。作为商民，好像每个月都在担忧、在劳作。

《齐民要术》里记载"开荒山泽田"需要三年，是个难活。所以有一些族群是不耕不锄的，他们放火烧山，再直接撒种，以林木焚烧的灰烬为养料，然后耕一年肥力耗尽，就抛荒了，换一块地种。但商朝并非如此，最少也要连耕三五年后才抛荒。

六月到十二月，开垦的第一阶段，首先要除掉杂木杂草。[1]

十二月到次年十一月之间，第二阶段，像《齐民要术》里说的那样，这块田地暂时还不能进行农业生产活动，而是任它自长草，然后放火再耕之，让土壤有丰富的养分。

……[令]毕圣田？二月。（《合集》3123）

"圣田"在甲骨文里就是开垦田地的意思。

十一月，田地终于整治完毕，春天也来了，可以开始在这块田上耕种了。往年的旧田也同样在这个时候开始耕种。商王此时会向众人宣布农时已至，命令众人开始耕田。

……[王]大令众人曰劦田，其受年？十一月。（《合集》1）

十二月，除草结束，开始大规模翻耕土地。商王常会来巡视相关情况，同时还会进行"屎田"。关于"屎田"，有学者认为是"选田"，也就是在荒地中选定重新耕种的田地；也有人认为是在种植作物前施用基肥，就像《齐民要术》中说的，"十二月、正月之间，即载粪粪地"。

---

1 陈逸文. 商代农业卜辞研究 [D]. 台湾政治大学，2007.

庚辰 [卜] □贞：翼癸未屎西单田，受有年？十三月。[1]（《合集》
5080 ）

一月，耕作结束，开始种植农作物，这时为丰收而进行的祭祀也随之
开始了，希望上天能下充足的雨，不要降下旱灾。

贞：我萑？（《合集》10177 ）

贞：我不萑？一月。（《合集》10178 ）

……其萑。（《合集》10178 ）

二月，种植在继续。除了担心旱灾，还得开始担心虫灾。

庚申卜出贞：今岁蛊不至兹商？二月。（《合集》24225 ）

三月，仍有种植之事，相关卜问也一直未断。今年会是丰收之年吗？
希望今年我们会是丰收之年。

甲子卜古贞：我受年？三月。（《合集》9679 ）

---

1 十三月是闰月。与现行的闰月不同，早期的人们将闰月安排在年终，即十三月。

四月，农作物生长的季节，但常有杂草影响，难以除尽。

贞：弗其奉 [工] 刍？四月。小告。（《合集》127）

五月，早种的农作物已经可以收割。但总有一些收成不好的年头。

庚子卜壳贞：年有害？五月。二告。（《合集》10125）

六月，作物成长收获的日子。收获结束紧接着便开始卜问下一个农时是否还会是丰收。

戊寅贞：来岁大邑受禾？才六月卜。（《合集》33241）

七月，种植比较晚的作物，也开始收获。这时候有很多杂草也要一并去除。

□寅子 [卜]……萑刍。（《合集》21528）

八月，已是秋冬之季，收获告一段落，农事接近尾声。

九月，为了方便储存，会将收成之穗脱粒、晒干。但是鸟类总是会来窃食，只能祭祀天帝，希望能帮忙解决一下。

[壬]申卜贞：方祢咢散？九月。（《合集》14370）

十月，商朝历法此时已是冬末。得定期省视仓廪以防意外。同时稍作休整，下个月，新的农事即将开始。

贞：先省才南亩？□月。（《合集》9641）
……南亩省？[十月]（《合集》9642）

这工作，搞不好会没命

除了农民，商朝还有一个存在感很高的职业——王臣。商代的官职很多，光甲骨文里提及的就有管理军事事务的"师"、管理商业事务的"贾"、掌管巫术的"巫"、负责占卜事务的"卜"官、负责狩猎事务的"犬"官，还有射、史、尹、万、工、田、戍、宰、使、保、寝等二十多个职务。

不同的职务有不同的烦恼，有的忙忙碌碌，有的提心吊胆，考验人心。

武丁时期，甲骨文里有一个大臣出现频率很高，提到了300多次。他的名字是这么写的🜨。这个字下面是长柄有网的捕猎工具，上面是声符

"匕",也可以表示猎物之形,这是"毕"字,本义是田网,后来才借用作"完毕"的意思。所以一些古文献里,"毕"有"用网捕捉"的意思。

毕

从卜辞来看,这个"毕"显然综合能力很强,他身兼数职,既要带兵打仗,也要下地种田,有时还得负责祭祀事宜。

王对这个毕有多信任呢?啥事都想让他干:

让毕率领三百弓箭手去作战吗?

　　□□[卜□]贞:令毕]以三百射?二告。

(《合集》5769正)

让毕率领军队去征伐方国吗?

　　……令毕[以]众[伐]□方。(《合集》30)

能不能让毕在京地开垦荒田?

　　癸卯[卜]贞:[令]毕圣田于[京]?(《合集》9473)

能不能让毕去种田？

　　叀毕令田？（《合集》32860）

　　庚申王令毕田。（《合集》32860）

能不能让毕去巡视农田？

　　贞：[弓] 乎毕省田？（《合集》10546）

能不能让毕来用俘虏作人牲行祭祀？

　　癸卯卜□贞：翼辛 [亥] 王寻毕以縶？（《合集》803）

　　虽然看起来稍微有点压榨，但王对毕也是关怀有加的，经常占卜问他的安全问题：

毕不会生病吧？

　　癸酉卜宾贞：毕亡疒？二月。（《合集》13735）

毕没有灾祸吧？

壬午卜贞：毕亡灾？（《合集》4087）

甲午 [卜贞]：毕 [亡] 灾？（《合集》4088）

毕不会遇到南方的敌人吧，能别遇上吗？

……毕亡其遭 [来] 自南，允亡遭？（《合集》5477 正）

毕会丧失军队吗？是谁施害了毕？

……毕其丧 [众]？（《合集》56）

[贞]：毕不丧众人？（《合集》57）

贞：毕其丧众？（《合集》58）

己卯卜宾……不丧 [众]？（《合集》59）

[己] 卯卜宾……毕不 [丧众]？（《合集》60）

王屡屡派毕干事，侧面说明他确实是有能力。事实也确实如此，比如
他经常能给王带回点东西。看这些卜辞：
是否用毕带来的牛祭祀？

庚寅 [卜] 宾贞：用毕……牛……[祖乙]？（《合集》6051）

毕进献了100头牛，是否用它祭祀自上示开始的诸王？

□戌卜贞：毕见百牛，汎用自上示？（《合集》102）

毕带来了羌人，王是否用他在大门祭祀？

辛丑卜贞：毕以羌，王于门 [寻]？（《合集》261）

对于这样的能臣，武丁自然爱惜。后来毕生病了，王还专门为他举行了祛除疾病的祭祀。

壬午卜宾贞：御毕于日？（《合集》9560）

从这些卜辞中，我们也能大概勾勒出臣子毕那忙碌的一生。童年时，有着繁重的学习任务：射箭、打猎、祭祀、耕田……毕一直以来都是既聪明勤快又尽心尽责的。成年后，他收获了一份伴在君侧的工作，为商王朝和王室殚精竭虑。因为能力出众，他受到商王的器重，种田、巡田、打仗、祭祀，各种工作他都能做得井井有条。外出征战时，他屡次遇上困难、遭遇惊险，最后似乎总能一一化险为夷。他一直不是最耀眼的那个，不似伊尹，功高到位列宗庙，名垂史册，也不似亚长，战功赫赫，献身沙场，有着盛大的葬礼和高规格墓室。但他常常是不会出错的那个，总能稳稳当当地做好王交给他的事，最终无大波大浪地度过了他的一生。

巫

像毕这样的情况已经很好了，顶多是有点忙，而有些官职的工作难度堪称地狱级的，一不小心就会丢掉性命，比如巫。

巫甲骨文写作十，具体意义尚无定论，猜测可能是巫师使用的某种工具。

巫在古代是人与神之间的中介，往往都是复合型人才：既要能歌善舞懂点乐器，还得会演戏，同时还要懂点医术能治病。

毕竟乐舞被认为是能沟通人神的介质。王国维在《宋元戏曲史》中说："是古代之巫，实以歌舞为职，以乐神人者也。"屈原在他的《九歌》中，则形象描绘了巫扮演各种角色的情况。至于疾病，在当时被认为是神鬼对人降下的灾害，于是祛除疾病的重任也就落到了巫的身上。

如果遇上大旱，接连多日无雨，巫就得承担起祈雨的重任。那如果一直祈不到雨呢？

有一片龟甲上记录了这样一条卜辞：

烄

其中的"烄"，甲骨文写作 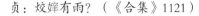，是一种祭祀的名字，从字形也能看出来，下面是火，上面是一个人，这是一种焚烧巫尪（wāng）而求雨的祭祀。这条卜辞说的是：用婞来行焚烧求雨之祭，会降雨吗？

那婞是谁呢？首先，女字旁，肯定是个女子。《左传·僖公二十一年》里曾记载："夏，大旱。公欲焚巫尪。"巫尪，指的是祈雨的女巫。这句话的意思是，夏季发生大旱，僖公打算烧死祈雨的女巫来避灾。也就是说，祈雨的女巫如果一直祈不来雨，自己可能也会变成祭品。

而这里的婞，应该也是一名巫尪，因为一直祈不来雨，商王决定以燃烧的形式献祭婞。同时还占卜问道：烄祭了婞，会有雨吗？

也许这是商王因为久不下雨，一怒之下的发泄；也许这是商王给急切的百姓不得已的一个交代；更可能的是，商王是真心认为，献祭女巫能平息上天怒火，从而消除灾祸，求来雨水。

不知女巫在祭台上等待烄祭的时候，是会怀着虔诚的心献祭自己，还是会绝望地悲鸣呢？

手艺人们的日常

除了体力劳动、脑力劳动、武力劳动，商朝还有一大工种，靠的主要是手艺，被称为"百工"。

《周礼·考工记》记载："国有六职，百工与居一焉。或坐而论道，或作而行之，或审曲、面执，以饬五材，以辨民器；或通四方之珍异以资之；或饬力以长地财；或治丝麻以成之。"

大概意思是说国家有六大种职业，百工是其中之一，然后紧接着讲了百工的各类工作，有木革之工、珠玉之工、丝织之工等等，五花八门。

甲骨文里也有"百工"的记载，比如"癸未卜有祸百工？"（《屯南》2525）这条卜辞是说在癸未日这天，卜问百工是否会遇上祸害，可见王对百工安危的重视。

"工"字甲骨文写作ᕘ或者工，字形像是古代工匠用的矩尺，在卜辞中常指工匠或者工官。看这条卜辞：

丁卯卜贞：令追ᕘ有父工？（《合集》5625）

工

卜问的内容就是：是否要让追继承他父亲工官的职位？

没错，在商朝，工匠一般是个世代相传的家族企业，手工技艺代代相传。

根据殷墟考古发掘遗迹，殷都内曾经人口密集，从事手工生产的各个家族就聚居在当中。假如你是当时某个青铜铸造工匠家族的一员，有着青铜铸造的手艺，你的日常大概率会在热闹与独自专注的交替中度过。

沿着街道走，你能看到两旁坐落着一家家手工业作坊。有的作坊里摆满了兽骨，工匠正在上头钻凿打磨，未来它们将成为一件件精美的骨器，也许是美丽的骨笄、骨链饰品，也或许是活灵活现的骨鸟、骨虎摆件。有的作坊里摆放着许多名贵的玉，工匠们磨刻得格外小心，大概是正在为王后制作玉梳与玉饰品。有的作坊里满是木香，那大概是木匠正在伐木做几，也可能人们在进行造车、造舟的大工程。还有的作坊传来了纺织的声音，有的挂满了飘逸的丝织品，有的散发着一股竹子的清香……

各种作坊眼花缭乱、热闹非凡，但它们都不及你所在的地方。青铜铸造是商代的门面与拿手绝活，神圣气派的青铜器对商代人来说是能沟通人神的礼器。你创造出的青铜器，将会世世代代传承，哪怕埋入了地下，千年后的人依然有机会见到它的光彩。

青铜铸造是个辛苦的技术活，还需要一点审美。你要先根据器主的要求设计器物，制作和器物等大的陶模，铭文和花纹都得在这时候表现出来。然后再用陶土制作范，也就是从模上翻下来的器物的外表壳。

把外范和内范合在一起，中间会有空隙，也就是"型腔"，到时候把熔化的铜浇筑在里面，冷却后青铜器大概的型就出来了。所以模和范得正，不然最后浇铸出的器物一定是歪歪斜斜的残次品。"模范"一词也由此而来。

一些小的、简单的器物铸一次就可以了，大的、复杂的就要经过两次甚至多次的铸造，先分别把各个部位铸造好，最后再铸到一起，有点类似于我们现在的焊接。浇铸完成后，经过一段时间冷却，就可以脱范。

脱范之后又是考验专注力和手艺的时候，你得对器物进行很长时间的修整打磨，看着它一天天地变得平整精美起来。

铸造一件青铜器往往需要很长的周期，需要许多人的齐心协力，中间也许会经历不少的辛苦、受伤和失败。但当那物最后金光闪闪地呈现在你面前时，你内心的成就感将会油然而生。这大概也是手艺人的快乐所在吧。

经商的人，为什么叫商人？

我们都知道有一类职业叫"商人"，有一个朝代叫"商朝"，但可能很少有人知道，这两者之间其实有着千丝万缕的关系。

这得从商的一个部落首领王亥说起。王亥是夏代商国部落的第七任国君，传说就是他最早驯服牛来帮助人们生产劳作的。不仅如此，他还经常用牛车拉着货物，到别的部落去进行以物易物的交易，商国也因此从一众部落中脱颖而出，变得越来越强大。

可当火焰太过旺盛时，便总会激发出人们扑灭它的欲望。《竹书纪年》《山海经》《楚辞》等书里，都记载了王亥那令人惋惜的最后一次"商业交易"。

这一天，王亥带领民众驾着牛车，载着货物，赶着牛羊，和弟弟王恒还有另一个部落族长河伯，跋山涉水到一个叫有易的地方去进行贸易。一切似乎和往常一样，他在有易进行交易，同时在这里小住了一段日子，受到有易国君的招待。

可是令所有人意外的是，某天，王亥突然离奇死在了有易，原因不明。有人说他是因为女人而遭到了弟弟王恒的嫉妒，于是惨遭弟弟杀害；也有人说这其实是一场政治阴谋，因为有易国担心商过于强盛，于是杀死了王亥，夺走了牛车和货物。

这件事之后，王亥的弟弟王恒成了商部落新的首领，但这并没有持续太久。

王亥被杀五年之后，他的儿子上甲微似乎找到了真相。《竹书纪年》记载，上甲微这一年借了河伯的军队征伐了有易，把有易国君给杀了。大获全胜回到商之后，上甲微成为新的商王。

在这之后，上甲微不负众望，大力改革发展，带领商正式从部落走向邦国。

擅长贸易的基因已留在了商民的血脉之中，也成了其他部落对"商人"的一大印象。商被周灭，周公还让纣都百姓"肇牵车牛远服贾"，牵着牛车外出经商，重操旧业。

后来当然不仅仅是商人在从事商业贸易活动，但"商人"一词成了人们对从事贸易之人的称呼，商业也成为后世人对商品交易事业的称呼。

当物物交易的行为随着商的强大，逐渐扩散变得普遍时，充当商品交换媒介的货币也随之出现。商代就有一种重要的货币——贝壳。

"买"字甲骨文写作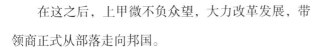，上面部分是"网"的象形，下面部分是"贝（貝）"的象形，表示用贝去进

朋

易

行交易。"买"的繁体字"買",便是由这个甲骨文演变而来。

甲骨卜辞中有"买刍"的记录,"刍"在甲骨文里指的是放牧除草的奴隶,这个词的意思就是进行"除草奴隶的交易"。

没错,"买"最初同时承担了"买"和"卖"两个字的含义,意思接近于"交易"。甲骨文里没有"卖"字,篆文中"卖"写作𧶠,下面部分是"买"字,上面是"出"字。何为"卖"?把某样东西交易出去便是"卖"。这也符合人类对事物发展的认知,从整体的模糊轮廓到不断细分不断具体。

卜辞里还经常有王赐给某人贝几朋的记录。比如"……围不殟,易贝二朋?"(《合集》40073),说的就是围经历大病后挺了过来,王打算赐给他贝壳两朋。"朋"字甲骨文写作𢆶,就像是两串玉或者贝壳连在一起的样子。

"易"字在早期甲骨文中写作𤓭,后来减省作𤓷,字形像是把液体从一个容器倒到另一个容器中的样子。"易"在甲骨文中意思丰富,可以表示倾倒液体,可以表示更换、变化,还常用作赏赐的意思。

"交易"之所以叫交"易"，大概也是因为在古人眼中，货物在人们之间流通，正像水在器皿间流转吧。

除了甲骨文里有"贝"，商代考古挖掘也常见"贝"。不仅贵族墓里有，殷墟西区发掘的939座平民墓中，有340座发现随葬了贝，占1/3，而且随葬的贝在100枚以上的，都是没有任何青铜礼器随葬的社会中下层人士的墓。

这也意味着，商品交换在当时已经普遍存在于平民当中。

我们可以想象这样一幅画面：街道的某处，想要交换货物的人们在那里聚集。有的人面前是刚捕猎来的野鹿，有的人手中拿着刚织好的布，不同的物件可以换取不同数量的海贝。换取到海贝的人们，急匆匆地去作坊里换取一些生活必备的盐，路过制陶的手工作坊，也能去换置一些新的陶器，如果还有闲余的，就再换置一些饰品装点下自己。等到了值得庆祝的丰收时节，人们还会拿着攒下的贝去购置祭祀的物件，尤其一些贝币富余的，总爱购置一些小件的青铜器，享受下贵族待遇。

贝币能买到自己难以制作的新鲜东西，能让生存变得轻松体面，难怪人们死后也要将其一起埋入坟墓带到另一个世界。

只不过到了春秋战国时期，商业行为日益增加，贝币已经承担不起作为货币的各项职能，金属货币应运而生。贝币也就成了"时代的眼泪"，慢慢被淘汰了。

总之，"商业"在商代虽然还不成规模，但"商人"在当时人的认知中，可不是一个卑贱的职业，而是一个能养活自己和家人的体面行当，是一个为了生存不得不去做的营生，是一项连曾经的部落首领也在从事的高难度工作。

3000 多年前到现在，关于工作，有些东西变了，有些东西没变。

变的是技术，是工具，是选择。商代以农立国，人人都得懂点农业知识，商王有时也要象征性地亲自耕作，一些王后也擅长农作，根据甲骨文记载，武丁的妻子妇井就擅长处理农业事务。

而不变的，是我们为什么要工作，是我们面对工作的酸甜苦辣，是我们面对生存的左右抉择。

商朝人怎么治病？

　　生活在现代社会，我们遇到头疼脑热，或是患上其他一些常见疾病，吃点家中常备药或是去医院，大多能得到有效医治。但在 3000 多年前的商朝，医学尚处在萌芽阶段，先民们怎么认识、医治身体的各种疼痛？当他们面对一场流行病，又会如何应对？

疾

身

"疾"字里的疾病观

3000多年前的某日，商王武丁生了一场大病，几片甲骨记录下了他被病痛反复折磨的过程。

刚开始是轻微的疼痛。甲骨卜辞里说王"疒身"。其中疒字如果横过来看会更形象，就像是一个人躺在床上，被病痛折磨得汗流浃背的样子，这是"疾"字；身是典型的指事字（借助抽象符号表示意思的字），侧立的"人"形，用符号指示出了身体的位置。这是"身"字，在甲骨文中常指腹部。王"疒身"就是说王腹部生病了，简单来说就是肚子疼。

后来大概疼痛一直没有好转，王开始怀疑，是不是因为太久没有祭祀先祖和先妣们，他们给我降下了灾害？会是哪位先祖给我降下的灾祸呢？王立即让巫师去占卜询问，于是就有了这一条卜辞："丙戌卜壳贞：王疾身，隹妣己害？"（《合集》822正）王肚子疼，是不是先王祖乙的妻子妣己在祸害他？还反复问了好几遍。

一般这个时候，王会顺便祭祀下妣己。之前王有一次生病，怀疑是几位先祖母一起给他降下的灾祸，就一一祭祀了好几个先祖，尤其是母丙，反复祭祀了许多回。

　　　　贞：惠羊侑于母丙？【用羊向母丙举行侑祭吗？】（《合集》
2523）

　　　　贞：翼庚子侑于母[庚]牢？【用牛向母丙举行侑祭吗？】（《合
集》2523）

　　　　贞：□于[母]丙豕？【用猪向母丙举行祭祀吗？】（《合集》
2527）

　　　　……

　　但这次祭祀后大概还是痛得厉害，王又开始怀疑，也许不一定是妣己
在祸害他，他想起来最近对妣庚的祭祀似乎也少了，于是巫师赶紧占卜问，
"贞：佳妣庚？不佳妣庚？"（《合集》822正）是不是先王小乙的妻子
妣庚在祸害王？

　　根据甲骨文的记载，商人认为疾病的产生主要是两个原因，这从"疾"
字的两种写法里也能看出来。一个写作 ，后期也常省去小点写作 ，前
面说过，这是一个人躺在床上被病痛折磨得汗流浃背的样子，病字头（疒）
就由此演变而来；另一个写作 ，像是人被箭矢射中了的样子。两种写法
的区别在于，一个是原因不明的内伤，一个是原因明显的外伤。

　　除了被箭矢射中，甲骨文里还有这样一个字 ，上面的 是"止"字，

表外伤的"疾"

止

虫

指的是脚，省去了两个脚趾头，ᐟ是"虫"字。ᐟ整个字形就像是人被虫蛇咬了的样子，这个字的意思等同于"害"。在商代人的眼里，一些疾病是由虫蛇战乱等环境因素造成的，而大部分病症都是因为鬼神在祸害人间。

对于外伤，古人之前长时间在野外生存，已经积累了一些用草药来应对各类伤病的经验。可那些看不见摸不着，鬼神降下的病得怎么治呢？

"医"字在古代常写作"毉"，下面是"巫"字。巫在当时被认为是能沟通天地神灵的人，甲骨文写作十，可能是巫师行法术时使用的某种器物。《吕氏春秋·勿躬》记载："巫彭作医，巫咸作筮。"意思是巫师彭负责的是医治相关的工作，巫师咸负责的是占卜相关的工作。《说文解字》里也提到："古者巫彭初作医。"古代巫师彭是最早当医生的人。

对啊，巫师是能沟通人神的人，既然病来自另一个世界，那巫师自然就是治病的最佳人选，就让他和鬼神去沟通谈判下，看怎么才能把这病给祛除了。所以古代最初曾有一个巫医不分的时期，巫常常也是医，医往往就是巫。而商代就处在这样的一个时期。

这也是为什么商王生病后，要反复让巫师占卜确认，到底是鬼神世界的谁在祸害他。确定了"致病源"之后，才能"对症下药"。

只要病没好，就要持续举行祭祀，当时比较常见的一项祛除疾病的祭祀叫作御祭。

"御"字甲骨文写作 或者 ， 是一个跽坐的人形， 是十字路口（ ）的省写，表示道路。罗振玉认为， 像马策，"御"字最初指的是人拿着马策在道路上御马。后来的学者一般认为"御"是形声字，用作祭名的时候，指的则是一种祈求禳除疾病或者不祥的祭祀。

和其他祭祀一样，御祭前，人们会事先预备好祭品以取悦鬼神。不过御祭的用牲数量有时会比较大，以百为单位，比如有一次就用了"百鬯、百羌、卯三百宰"（《合集》301），一百份鬯酒，一百个羌人，杀三百头羊。不过祭牲数量多的祭祀往往祭祀对象也比较多，像这次就一口气同时祭祀了"唐（商汤）、大甲、大丁、祖乙"四位先祖，大概是人多好办事吧。御祭的祭品以羊、牛为多，也用猪、犬，常有酒，还用人牲，其中羌人用得最多。

御

殟

祭品陈列完毕，祭祀便开始了。巫医将会戴上面具，随着音乐起舞，以迎接神的降临。在一片歌舞声中，青铜礼器泛着金光，祭牲以不同形式被一一杀死，黑红的血液流满黄色大地。有的祭牲被埋入土坑，有的祭牲被放入青铜礼器中烹煮。先祖神，为何要降给我疾病与灾害？我将献给你最好的美酒与生灵，请你祛除我的疾病，赐予我平安……

已故祖先在仪式中借巫师的躯体降临人间，人神之间的意愿得以传递交流。

不过，不是祭祀后疾病就能马上好的，显然这次王腹痛的病就没好。这次的病来势汹汹，王也不知是吃坏肚子还是肠胃炎犯了，肚子疼的症状可能持续得有点久，疼得也比较厉害。仍旧是前面这片甲骨，后面竟跟着这样两条卜辞："丙戌卜内贞：不殟？""贞：其殟？"

"殟"字甲骨文写作，和疾病的"疾（）"相比，人躺的位置从床上转移到了坑穴之中，一看就明白不是什么好事。没错，"殟"在甲骨文里的一个常用意思就是"暴亡"。"不殟？""其殟？"不会暴病而亡吧？会暴病而亡吗？非常简洁的两句卜辞，每句的占问内容都只有两个字，但这背后暗含着巫师深深的惶恐与担忧。我们似乎可以想象到，巫师当时是怎样颤抖着双手刻下了这几个字的。

不过幸运的是，王的腹痛最后并没有导致"殟"，王大概就这样自己痊愈了，这件事最后也不了了之，在卜辞里没有了后文。紧接着，人们的占卜内容就变成了上贡、军事等别的事宜。不知道事后人们是否在心中感激祖先神最终祛除了疾病，还是早已在忙碌之中把这事忘在脑后了呢？

商朝的"病历本"

甲骨文里记录的疾病症状实在是太多了，在提到具体疾病时，大多称为"疾某"或"某疾"。粗略地算了下，能确定的病症有疾首、疾目、疾耳、听忧、耳鸣、疾鼻、疾口、疾舌、疾齿、龋、疾颈、疾腰、心荡、心疾、疾胸、疾胁、疾身等至少40种，涵盖人体各个部位，可见当时的人们对人体观察之细致。能记录于甲骨文的病症，想必都是曾经找巫医治疗过的病症，可以想象，当时巫医大概率还是挺忙的。

根据甲骨文和考古资料，我们能大概还原当时巫医为王室贵族们看病的一个个场景。

贞：乎妇好祝于母庚御疾齿？（《合集》2650）

齿

这是一条关于举行祭祀以禳除齿疾的卜辞，意思是：让妇好向母庚祷告，然后举行禳除齿疾的祭祀吗？

牙疼是一个常见的病，王后妇好就经常受牙齿之病折磨。"齿"字甲骨文写作圙，非常形象，就像是一个人嘴里长着牙齿的样子，后来上面加了表示读音的声符"止"，就和繁体字"齒"很像了。

但甲骨文里还有这样一个字圙，其中ξ是"虫"字，整个字形像一条虫子入侵了牙齿，很显然，这指的是长蛀牙了。商人们认为，牙疼或者蛀牙是因为有虫蛊在作祟，所以蛀牙的"蛀"才是虫字旁。

商人凝结在文字中的这一观念深深地影响着后世，直到现在，很多人仍然认为蛀牙是因为有虫子。但其实那是由于食物残留或细菌堆积，导致牙釉质被腐蚀破坏所引起的。

根据考古资料，商代人得齿疾的人已经比史前时代的人少得多，但由于当时的牙齿清洁能力有限，饮食有时也还不够精细化，使得存在齿疾的人还是很多。

我们能想象，事务繁忙的妇好曾一次次地捂着脸颊被牙疼折磨。王为妇好叫来巫医，巫医观察着妇好的牙齿，微微泛黑，怀疑是有牙虫。于是巫医取龟甲占卜问："有疾齿，隹虫虐？"有牙齿生病了，是因为有虫子在残害它吗？

同时，巫医还是会和王说，这是您的母亲庚在天上作乱害妇好，得好好地祭祀她取悦她，她高兴了，妇好的病自然就好了。

为了表示虔诚的心意，王打算呼唤妇好亲自向母庚举行祛除疾病的祭祀。于是，就有了我们写在前面的那条卜辞。

卜辞里关于齿疾的记载不少，有这么多的病例，巫医也积攒了一些草药。仪式之中，他们大概率会借着鬼神之名，将一些草药处理后敷在妇好病变的牙齿上，多少能起到一些缓解作用。

[壬]申卜贞：蚰肩[同]有疒？旬又二日[癸]未，蚰允肩[同]。百日又七旬又[五日丙]寅，蚰大有疒，夕敦丁卯疾。（《合集》13753）

这条卜辞记录了一人被疾病反复折磨长达半年，最后致死的例子。整句话的意思大概是说，壬申日这天占卜问：蚰的疾病能得到缓解吗？十二天后的癸未日，蚰果然有所缓解。一百七十五天后的丙寅日，蚰的病情突然恶化，在丙寅深夜临近丁卯日的时候，蚰被病魔夺去了生命。

时间间隔记录得如此准确清晰，看来巫医对这位病人的病情进行了持续的追踪记录。我们能想象，蚰不知是得了什么疑难杂症，卧病在床，巫医就拿着竹简和毛笔，一日日地记录下他的病症变化，每隔一段时间为他举行一场驱除疾病的仪式，也许这个过程中还试着给他使用了一些药草。只是，这个病大概超出当时人的认识范畴，踉勉强支撑了一百多天后，还是病故了。

不过巫医们也一直在进化着，除了记录病情，当时已经能够进行简易的医疗手术。

河北石家庄藁城区台西商代中期遗址曾经发现一座墓，墓主人是一位45岁左右的中年男性。他的随葬品里，有各种铜、石、骨、陶器，还有三块卜骨，身份很可能是巫师。

最有意思的是，他的脚边还放着一个长方形的漆匣，看来是非常精心呵护的重要物件，打开一看，里面装着的东西外缘弯曲钝圆，内缘锐利，竟是"石砭镰"。

这是什么东西？你可以把它看作世界上最早的手术刀。《山海经》中有关于它的记载，说："高氏之山，其上多玉，其下多箴石。"郭璞认为箴石"可以为砥针，治痈肿者"。《黄帝内经·素问·异法方宜论》中也提到："东方之域……其病皆为痈疡，其治宜砭石。"

大概来说，石砭镰就是一种能刺破痈疡，去脓消肿的工具。看来这位墓主在当时是一位颇有医术、爱好钻研的巫师。

同样是前面这个遗址，还出土了很多药用的植物果实和种子，其中有桃仁、郁李仁，都具有通便的作用。

商代饮食还不像后世那样精细化，便秘、腹部不适的情况也是常有的。巫医除了占卜祭祀，如果不另想一些办法来对抗这些疾病，恐怕难以让人信服，一个不小心，在商王面前可能就小命难保了。

甲骨文里有这样一个字——，一只手拿着针给一个肚子大大的、患有腹疾的人进行治疗，这是"殷"字。从这个甲骨文可见当时人们对于腹疾的重视，已经发展出了针扎的疗法，也佐证了《山海经》中关于"砭针"的记录。

殷

总之，商代的巫医并非只是装神弄鬼，而是真的在钻研医术、积极寻找治疗方法。

像这样的例子还有很多，正是因为人们细致的观察和记录，人类对自己身体的了解一步步深化，对各种病症也有了更多的认识。

随着这些认识的逐步深化，一部分人不再信任神鬼，而是更信任自己的力量与判断，医生便逐渐从巫中分化出来。

经过漫长的历史时期，巫医在明面上虽已被官方批判淘汰，但在民间传承了下来，现在在一些农村仍然存在着。村里的老人总是知道有这么一个地方，当

疫

人们得了一些难以诊断的病症，普通医药迟迟治不好的时候，他们就会建议到那个神秘的地方去。那里会有一个懂得各种秘方的人，他会告诉你，你是如何受到了鬼神的惊吓，然后用一些特殊的方式为你驱除疾病，正如3000年前的巫师面对那些渴求健康却无能为力的商人时的样子。

商朝人怎么应对疫情？

3000年前，人们面对疫情，脆弱得如同草芥，不堪一击。

但是，他们也想尽了一切办法积极应对。

"疫"字在甲骨文里写作 ，和前面人躺在病床上的"疾"相比，这个字多了 的部分。 在甲骨文里很常见，它其实就是一个人的手拿着一根棍子的样子。我们现在汉字中的"殳""支""攵"等偏旁大多由 演变而来。

里的这根小棒，凝结了人们的许多想象与期盼，它在攻（ ）字里就是击杀敌人的武器，在牧（ ）

字里就是驱赶牛羊的牧鞭，在教（）字里就是训诫孩子的教鞭。而在疫（）字里呢，它成了人们竭力驱赶身体疾病与感染的枝丫。

攻

当时的人们已经意识到了"疫"是极危险、有传染性的一种疾病，就像一个活的幽灵，能从一个人身上窜到另一个人身上。

按照商朝人的风格，发生疫情，首先要做的肯定是祭祀，事实也确实如此。甲骨文里有这样一条卜辞："乍疫，父乙豝、妣壬豚、兄乙豚、兄甲豚、父庚犬，化液？"（《合集》31993）大概意思就是：发生疫情了，祭祀给父乙豪猪，给妣壬小猪，给兄乙小猪，给兄甲小猪，给父庚犬，能消除疫情吗？

牧

看来疫情还挺严重的，一下子祭祀了五个先祖。字里行间，似乎能感受到巫师们隐隐的无奈与绝望。

为了驱逐疫病，巫师在祭祀仪式上还会跳一种特殊的舞，名为"傩"。这是一种专门驱鬼除疫的舞蹈，巫师会戴上可怕的面具，在各个屋室之间舞蹈，以驱除恶鬼和他们带来的疫病。

教

《周礼》里有一段关于傩舞的记载："（方相氏）掌蒙熊皮，黄金四目，玄衣朱裳，执戈扬盾，帅

鬼

戴

百隶而时难（傩），以索室驱疫。"就是说，巫官会蒙着熊皮，戴着闪着金光有四只眼睛的面具，穿着玄色、朱色的衣裳，一手拿戈一手持盾，率领 100 人跳傩舞，以驱赶屋室里的疫病。那壮观的场景，就好像战士们出征打仗，颇有一种全副武装，和另一个世界的恶鬼进行斗争的意味。

商代考古也确实出土了不少青铜面具。根据考古报告，安阳西北冈 M1400 殷王陵，曾出土一件青铜人面具，从顶部到颔部高 22 厘米；殷墟西区 701 号墓，一位殉葬的舞者头部戴着一面牛头铜面具；陕西城固县苏村商代遗址，曾先后出土青铜铺首 14 件，形象狰狞可怖，大小接近人的面部，两侧有穿孔，可以罩在人的脸部；后来在一个窖穴里又集中出土青铜脸壳 23 件，面目怪异，鼻子突出，还有獠牙，不过五官孔位和人脸相符，正好可以戴在面部。

甲骨文里的"鬼"字写作，像是人身戴着鬼面具；"戴"字呢，写作，像是人正在给自己戴可怕鬼面具的样子。后来"戴"字加上了表音的声符"戈"，才变成了我们熟悉的样子。这也是为什么"鬼"字和"戴"字里都有一个类似"田"的部分。

当时的巫师，大概就是戴着怪异庄严的青铜面具，在舞蹈中展示通灵术，驱逐可怕的恶鬼，也驱逐人们心中的阴霾。

在人人信鬼神的时代，以一场盛大的祭祀来安抚众人恐慌的心，确实有其价值。商王朝因此获得民众的信任，人们也不至于在害怕与绝望中丧失生的希望。

光安抚心灵总是不够的。在祭祀之外，商人也有一些实际举动。

《仪礼》曾说："疾病，外内皆扫。"卜辞里也有记载："辛亥卜出贞：今日王其水寝？五月。"意思是五月的某个辛亥日，巫师出（也可以称呼为贞人、卜官）占卜问：王今天要用水清扫寝屋吗？

甲骨文里还有这样的字——🔥，就像是木材在火上熊熊燃烧的样子。卜辞记载商人会在一些屋室的门口举行燃烧之祭。

就是说，面对疾病，当时的人们可能会进行里里外外的打扫，会用水清洗寝屋，会熏燎屋室。[1]虽然初衷可能还是为了驱鬼怪，但这些举措确实一定程度上起到了实际的作用。

在巫师的心理治疗、王室贵族的行动示范和平民百姓的配合下，人们就这样熬过了一场疫情。伤亡必定是惨重的，而疫情的经验也在这样一次次尝试与记录中积累下来。

---

1 张炜. 商代医学文化史略 [M]. 上海：上海科学技术出版社，2005：120.

在中医一直受到质疑的今天，回望它的来路，也许能让我们增加一些对它的信任。中医和巫医本不同，一些人为了牟利而让中医蒙受污名，但其实它本是科学的，有来路的，也在一代又一代人的积累中治愈了一个又一个被病痛折磨的人。

我们可以看到，在几千年前，确实有那么一个或者一群"神农"尝遍百草，只为找到救治人的药草，只为人们不再受病痛的折磨，只为所有人都能掌握自己的健康。

可爱又热烈的动物艺术

现在我们谈到商朝，第一反应似乎总是庄严肃穆的，暗黑中带点残酷的，商朝恐怕确实有这样的一面，但这绝对不是它的全部。

我们对商朝的古朴、肃穆、暗黑氛围的感知，更多是那些经过岁月洗礼的青铜器带来的。而真实的商朝艺术，尤其是那些和动物有关的艺术，其实也展现着商朝可爱而热烈的一面，就像青铜器最初的颜色那样，金光灿灿。

在甲骨文里观鸟

商朝器物中经常可以看到"鸟"的元素，有的是器物上面有几只灵动的小鸟作为装饰，有的是整个造型像一只可爱的鸟，还有的以漂亮的鸟纹图案出现在器物周身。

种类也很丰富，有鹰有燕，有雁有鹤，有鸭有鹅，有鹦鹉有鸬鹚，十分齐全。

不仅是在器物中，在甲骨文中也经常可以看到鸟的身影。目前发现和鸟有关的甲骨文就有八十多个。

商朝人怎么这么喜欢鸟？

一方面，种种迹象表明，"鸟"应当是远古商族的图腾。

所谓图腾，就是把某种动物、植物或其他特殊对象当作自己的亲属、祖先或保护神，以它为本氏族的标志，并且相信它们有一种超自然力，会保护自己的氏族。

甲骨文中王亥被称为商朝的高祖，而王亥之"亥"的甲骨文常写作 ，"亥"字上头特意加了鸟图腾的符号。

许多古籍里也都有玄鸟生商的记载。《诗经·商颂·玄鸟》中就写道："天命玄鸟，降而生商，宅殷土芒芒。古帝命武汤，正域彼四方。"屈原在《天问》里也提到："简狄在台喾何宜？玄鸟致贻女何喜？"在《九章·思美人》中又说："高辛之灵盛兮，遭玄鸟而致诒。"司马迁在《史记·殷本纪》中记载得更是详细："殷契，母曰简狄，有娀氏之女，为帝喾次妃。三人行浴，见玄鸟堕其卵，简狄取吞之，因孕生契。"

鸟

这些记载的大概意思是，商的起源和玄鸟有关，简狄不小心吞食玄鸟蛋后怀了孕，生下的孩子最后建立了商族。

我们现在当然知道这是不可能的，这个传说昭示的不过是远古商人对鸟的崇拜与敬畏。毕竟那些拥有着五彩缤纷漂亮羽毛的鸟儿，可以展翅翱翔于天空，这对于我们那些常常遭受洪水与猛兽侵扰的祖先来说，是多么神圣且令人向往的一项技能啊。

这大概也是为什么，商人对鸟类的观察格外细致。甲骨文中就专门造了两个字来表示"鸟"的意义：一个专门指代短尾鸟，写作 ，简化尾巴，突出了大大的翅膀；一个专门指代长尾鸟，写作 ，简化翅膀，突出了长长的尾巴。这两个字，后来一个演变成了"隹"，一个演变成了"鸟"。所以一般来说，"隹"部的鸟通常是短尾鸟，如雀、雁等，而"鸟"字旁的鸟则通常是长尾鸟，如鹊、鹏等。只不过为了省力，后来很快便不再做如此细的区分，许多字也就

蝙蝠

啄木鸟

用混了。

现在，我们基本已经只说"鸟"不说"隹"了，但"隹"字形仍凝固在了许多汉字中，不时地向我们轻声诉说着它的过去，像是集、雀、隼、焦、雁、雄、雌、雏……

集，就是群鸟集合于树上；雀，一种体型比较小的鸟；隼，有尖锐爪子的一种凶猛的鸟；焦，鸟在火上烤；雁，能飞成人字形的鸟；雄雌雏这些字呢，左边部分都是表示读音的声旁，右边表意，分别指雄的鸟、雌的鸟以及刚生下不久的鸟……

这些字就好像是我们古人观察记录下的鸟类大百科，里头藏着一幅幅鲜活的鸟类生存画面。

除了和鸟、隹组合成字，还有一些鸟或类似鸟的动物有着自己独特的写法。比如 字，有着一双独特的翅膀，这是蝙蝠的象形； 字，长长的嘴巴，这是啄木鸟的象形； 字，有着剪刀一般分叉的尾巴，这是"燕"字最初的样子。

最漂亮的当属这个， 、 、 、 、 ，和普通鸟儿相比，它头上顶着冠，羽毛也格外华丽，看起来颇有一种万鸟之王的姿态，这是甲骨文里的"凤

（鳳）"字。神奇的是，这个字在甲骨文里也表示"风"的意思。

为什么一个字既能表示万鸟之王"凤"又能表示自然界的"风"？这是我们祖先的世界观在文字上的反映。

在那个创造甲骨文的时代，人们认为万物有灵，从山到河到风，皆非死物而都是具有生命的神灵。只是山有形水有形风却似乎无形，不知从何而来也不知因何消失，造一个"风"字确实有难度。

商人最终将"凤"和"风"字同形，一来大概是商人发现鸟扇动翅膀确实能够带来风，二来也是因为鸟是商族图腾，本身就是力量的象征。美丽而庞大的凤鸟在天空中挥动翅膀，于是便带来了风，这样的联想是对现实的艺术加工，也是那个时代的人们与自然和谐相处的方式。

不得不感叹，商人对鸟类的观察可真是细致而又充满想象力啊！

不过，千万不要以为商人和鸟之间全是这样相亲相爱的场景，也有一些文字里藏着我们祖先和鸟类斗智斗勇的一面。

凤和风

获和只

稼

甲骨文里有个字写作，上面部分是隹，表示鸟，下面""是一只手，整个字形就是人抓获了一只鸟的样子，这是抓获的"获（獲）"的初文，也是一只的"只（隻）"字。同理抓获了两只鸟也就是"双（雙）"字。

为什么人要抓鸟？可不是抓着玩。

甲骨文里的"禾"字写作，就像是禾垂下谷穗的样子。当田里种满了禾谷，便成了庄稼的"稼"字；当手拿着工具在收割庄稼，，这是"段（gǔ）"字，在甲骨文里指谷熟的意思。[1] 谷子是鸟类的最爱，农人的稻谷，鸟类总爱偷食。

可是粒粒皆辛苦，人好不容易日晒雨淋种出来养活自己的粮食，怎么舍得让鸟偷食呢？

于是，人就和鸟杠上了。

先是用手赶鸟、抓鸟，就像字所展现的那样，但毕竟用手还是太费劲了。看这个字，右边部分是"支"，也就是手拿着棍子，人开始用上了工具，用棍子赶鸟。再看这个字，，上面部分是网，用

---

1 陈年福．甲骨文词典 [M]．未出版手稿，2024．由作者提供．

网捕鸟，工具升级，人开始设计出了小机关小陷阱。

我们的祖先就这样在和环境斗智斗勇的过程中不断成长着。而像这样的捕鸟工具，有一些我们至今仍在使用当中。

所以说，商朝人和鸟之间，不仅有崇拜与浪漫，也有争斗与现实，可谓相爱相杀，亦敌亦友。难怪商朝鸟形象艺术品都如此栩栩如生！

为什么是逐"鹿"中原？

当你走在野外时，突然，远处出现了一只小兽，身姿轻盈、体态优雅，头上还长着层层叠叠的角，像是一顶树枝做成的王冠。你正想走上前去看看，可一转眼，它就跑开消失不见了。

对这样的动物，你会对它抱有怎样的感觉？神秘？灵性？机敏？

鹿的这些特性，也使得它在我们的文化中，有着浓厚的神话色彩和政治色彩。

目前发现的商朝与鹿相关的艺术品，大多是玉制的，基本未见青铜鹿。这也难怪，青铜重器一般笨拙，很难表现出鹿的神态，玉器就不一样了，小巧而有灵性，能将鹿可爱灵动中又带点神秘的气质表现得淋漓尽致。

甲骨文里的"鹿"字也非常形象，写作鹿，显眼的鹿角，优美的体态，简直就是一幅鹿的简笔画。

鹿

丽

庆

以"鹿"字为部首的字一般也很美好。

美丽的"丽（麗）"，甲骨文写作𪋅，就是鹿的两角相连的样子。

庆祝的"庆（慶）"，甲骨文写作𢝊，外边是鹿皮，中间是心，《说文解字》说"庆，行贺人也。从心，从夂。吉礼以鹿皮为贽"。就是说古人在祝贺他人、表达心意时，常以鹿皮为礼物。一来是我们古人特别钟爱谐音，"鹿"和福禄寿的"禄"同音，寓意美好；二来漂亮的鹿皮本身就象征着祥瑞与喜庆。所以"庆"字最初由鹿与心两个部分组成，会意以鹿皮表心意，繁体字"慶"就仍保留了这样的特征。

还有麒麟两个字也都是鹿字旁的，右边的"其"和"粦"表示读音。麒麟是古代神话中的一种瑞兽，传说有着羊头鹿角，牛的尾巴，麇鹿一般的身体，身上还有龙鳞似的鳞甲，心怀仁爱，非明王治世而不出。这样神秘、吉祥的神兽，也以鹿为意符，可见古人对鹿寄予的美好想象。

不过，和鹿有关的词也不全是美好。有一个词叫作"逐鹿中原"，意思是群雄共同争夺中原的天下，这个词听起来就充满了争斗。类似的词还有"鹿死谁手", 最初用来比喻不知政权会落在谁的手里, 后来也泛指在竞赛中不知谁会取得最后的胜利。

为什么总是用鹿来指代天下、政权? 鹿并非好斗之兽, 为什么不是逐虎中原、逐狼中原, 却是逐鹿中原?

这和古代的狩猎文化有很大的关系。商朝就非常重视狩猎, 商王经常占卜问去某地田猎的吉凶和收获。"王去宫地田猎, 往来不会有灾祸吧?"(《合集》24463)"王去东地田猎, 能有所抓获吗?"(《合集》33422反) 根据陈炜湛先生的统计, 和田猎相关的甲骨刻辞竟有 5000 片左右, 相当于目前所发现的甲骨总数的三十分之一, 可见当时狩猎之频繁。

在那时, 狩猎已不仅仅是人们获取生存资源的方式, 也是王室获取祭祀和宴飨用品的重要途径, 是贵族们展现个人智慧与武力的盛大舞台, 更是国家军事实力的彰显。

到了周朝, 大型的狩猎活动已成为国家需要定期举行的仪式, 《左传》和《尔雅》中都有提到当时"春猎为蒐, 夏猎为苗, 秋猎为狝, 冬猎为狩"。

根据甲骨文的记载, 商王室田猎所擒获过的猎物主要有麋、鹿、虎、兕、豕、兔、狐、象、燕、隹、雉等。其中最凶猛的当属虎, 只是大部分时候根本遇不上虎, 少数有记载擒到虎的, 数量也不过是 1 到 2 只。

而擒获最多的动物, 数量能有多少呢?

丁卯……狩[围]……擒获……鹿百六十二、□百十四、豕十、麋一。（《合集》10307）

贞：乙亥陷敞七百麋，用……（《屯南》2626）

这几条卜辞是甲骨文中擒获猎物数量最大的一些记载。没错，麋和鹿就是商朝单次狩猎捕获最多的两种动物。一来说明商朝时中原地带的麋和鹿数量实在是很多；二来也是因为一次狩猎出动的军士众多，麋、鹿跑得比较快，动作极为机敏，捕获到麋和鹿是能力的极大体现。

后来秦朝末年，群雄并起争夺天下的场景，不就很像王公贵族们争猎麋、鹿的样子吗？司马迁在《史记》中记载"秦失其鹿，天下共逐之"，正是用了这样的比喻吧。而也正由这句话，才诞生了成语"逐鹿中原"。

商朝的"猛宠"

商朝的气候总体上比较温暖湿润，年均温度比现代高了2摄氏度。可别小看这几度，温度再加上降水、植被覆盖率等多项因素的影响，使得商朝中原地区的环境和现在有着很大区别。

如果回到几千年前的商朝，你大概会看到湖泊沼泽，会看到丛林密布，会看到各种飞禽走兽，会看到一些现在已经很难见到的犀牛、圣水牛……

最重要地，你还能在当时的中原大地上看到大象，看到它们出没于城中、郊野，性情温和，憨态可掬。

这样的场景不是没有根据的想象与推测，许多证据证明，几千年前的殷商土地上，确实生活着不少野生大象。

象

商朝文物中就有许多象的形象，有的是用作实用的青铜器皿，有的是做成了漂亮的观赏玉器，还有的演化成了漂亮的象纹。

《吕氏春秋》中也有"商人服象，为虐于东夷"的记载，意思是商朝人曾经驯服大象，用来征伐东夷地区。

为

甲骨文中"象"字写作 ，就像是大象的简笔画，尤其是长长的鼻子，不懂甲骨文甚至不懂汉字的人恐怕也能认出来。

另有一个和象有关的字写作 ，左上角的"⺕"是手形，用手牵着象，这是什么字？驯服大象以事劳作，这是"为（爲）"字。甲骨文字形不太好认，但在它基础上演变而来的小篆 和隶书 字形，就几乎和繁体字"爲（为）"差不多了。现在的"为"字形，是根据草书字体所做的简化。

🐘（为）在甲骨文里有"造作""制作"的意思，比如卜辞中的"为祖丁宾门"（《合集》30282），大概意思就是说"制作先王祖丁宗室的门"。这让人想到云南等地的人驯象以驮木材的场景，象鼻能卷起上百斤的木材，还能整整齐齐地放在指定的位置。

殷墟考古确实也出土了象遗骨，其中1978年安阳武官村北地发掘的祭祀坑中，还意外发现了一只未长牙的幼象。小象的脖颈处戴着铜铃，说明生前有主人，应该是被商人驯养过的"宠物"。

可以想象，几千年前曾有那么一个时期，也许我们祖先身边的宠物有许多都不是"萌宠"而是"猛宠"，我们现在罕见的野生动物，当时也只觉得稀松平常。

商纣王的打猎日记

加拿大的安大略博物馆里，有一片非常漂亮的甲骨，它和我们平时常见到的普通甲骨很不一样。这块甲骨一面刻了卜辞，另一面刻的却是极具规律和形式感的花纹，上面还镶嵌着非常贵重的绿松石。最为奇特的是，根据学者们的检测，它竟是一块虎骨。

甲骨文顾名思义，就是刻在龟甲和兽骨上的文字，其中兽骨一般用的都是牛的肩胛骨。而安大略博物馆里的这块甲骨片，是迄今为止发现的唯一一块刻有甲骨文的虎骨。

这片甲骨之所以特殊，不仅仅在于它的材质。让
我们来看看它上面刻的卜辞：

虎

> 辛酉，王田于鸡录，获大霍虎，才十月，隹
> 王三祀劦日。（《合集》37848）

这句卜辞翻译过来大概就是，王在第三年举行
劦祭期间，在十月辛酉日，在一个叫鸡麓的地方田猎，
王捕获了一只威猛的大老虎。

商朝会举行盛大的"周祭"，按照一定的秩序依
次祭祀先祖先母。周祭一共有五种祀典，卜辞中提到
的劦祭就是其中之一。

"虎"字甲骨文写作，是非常形象的简笔画。
虎口大张，锋利的牙齿，尖锐的爪子，还有身上独特
的虎斑纹，无不在昭示着此兽的凶猛。

而根据学者对卜辞记载的时间以及甲骨文字体
风格的判断，这位捕捉到凶猛老虎的王，就是我们大
家熟知的商纣王。这块虎骨，可以说是商纣王猎虎的
"纪念品"。

虐

　　根据上面的卜辞，我们不难想象一幅这样的画面：某次大祭期间，商纣王在田猎时捕获到了一头罕见的老虎，如果没有强大的武力、勇气和智慧，怎么能做到？于是众人都纷纷向王祝贺，夸赞纣王的英明勇武。在大祭期间捕获到这样特别的猎物，大家都认定这是祖先向我大商降福的征兆，是大吉之事。

　　商纣王也异常高兴，这是力量的证明，是莫大的荣誉，怎么能不永久地记录下来传告世人？他立即下令，取虎骨，刻字、绘图、镶嵌宝石，制作了一片独一无二的纣王获虎骨……

　　《史记·殷本纪》里曾经写商纣王"材力过人，手格猛兽"，说他可以空手和猛兽搏斗，想来并不是凭空编撰的，也许就是像这样的某场猎虎行动被人们广而告之、口口相传了吧。

　　只是没想到，商纣王却成了商的最后一位王。而象征着他力量的这块虎骨，在三千多年后的今天，也已经不在他曾经属于的那块土地之上。

　　以虎为部首的字多与武力、暴虐有关，比如"虐"字甲骨文写作𧆞，字形就是虎在伤害人的样子，以表残害、残暴之义。不知是不是巧合，以猎虎为荣的商纣王，身后之名却和虎如出一辙。

羞

家畜的性别，从一个字里就能看出来

从甲骨文字和那些典型的商朝文物中就能看出，羊、牛、猪虽都是商人的家畜，但在商朝人眼中的形象气质却完全不同。

商晚期四羊方尊，是中国青铜礼器的集大成者，漂亮、诡谲、神秘，光看外表我们似乎就能感受到一种庄严、神圣的氛围，这和它四个角上的羊头脱不开干系。

我们来看那些和羊有关的甲骨文。羊字写作羊，整个字形突出了羊身上最具特色的地方——羊头与卷曲下垂的羊角。右下角加个手形，就成了羞，用手献上羊，这是"羞"字，最初是"进献美食"的意思。羊在古代被认为是美味珍馐，用于表示食物鲜美的"鲜"，右边也是"羊"字。

而这样的珍馐，最适合在举行祈福消灾的祭祀仪式时，进献给祖先神灵。羊旁边加个神主之形，就成

祥

了，这是吉祥的"祥"字。"羊"在其中表音，同时也有意义上的关联。《说文解字》说："羊，祥也。"羊在中华文化中被认为是寓意吉祥的牲畜。

艺术和文化相辅相成，向我们展示了羊在商人眼中那美好、神秘而又带一些宗教色彩的形象。

而牛呢？看亚长牛尊，商代青铜器中非常有代表性的一件，周身布满各种动物纹饰，十分精致。可同是青铜器，这件青铜器的宗教感就没有四羊方尊强，只觉得灵性十足，一股可爱敦厚的憨态扑面而来。这和牛本身的形象有关，大概也和牛平时帮助人耕地，和人类的关系更亲密有关。

我们看和牛有关的那些甲骨文字。牛字甲骨文写作牛，和羊字正好相对，一对向上的牛角十分显眼。右边加个手拿棍鞭的字形，就成了牧，这是牧牛的"牧"字。古人手拿放牛鞭牧牛的场景，就这样被画进了"牧"字里。

在牛身上套个绳索，就成了牵，这是牵牛的"牵（牽）"字。先民们大概就是这样牵着牛，让它为我们劳作的吧。

在牛外面加围栏，就成了牢，这是牢狱的"牢"

字，最初指的是圈养牛的地方，后来也用在人身上，引申出监狱的意思。

将牛的角从牛上分离出来，两边再加一双手，就成了，这是庖丁解牛的"解"字。最初指的就是把牛解剖，后来又引申出解开、解决等意思。

牢

我们发现，和牛有关的字都离生活很近，放牛、牵牛、圈养牛、解牛，都是先民甚至现在一些牧民常要经历之事，也难怪牛在我们文化艺术中的形象都如此憨实亲切。

解

至于猪在商朝人眼中的形象，恐怕就更加接地气了。看殷墟博物馆的陶猪首，乍看起来甚至有些随意潦草，但又让人觉得亲切好玩，似乎这就是猪平时会做出的表情。

彘

猪在古代被称为"豕"，甲骨文写作，典型的象形字，大大的肚子，短短的尾巴。是彘，指身上插有箭矢的猪；是豚，指小猪；是豕后一把刀，陈年福先生认为这就是后来的"豶"字，简化字为"豮"，指的应该是阉了的猪，就是今天所称的肉猪。猪只有阉割才能养肥，也才好吃。我们现在天天吃的猪肉，其实就是不分公母的阉猪肉。这说明3000

豚

牡

牝

年前的商朝人，就已经掌握了阉割猪的养殖技术。

　　和这两个字就更有意思了。丄是雄性性征字符，在甲骨文里指公猪，丫是雌性性征字符，指的则是母猪。同理，就是公羊，是母羊；（牡）是公牛的意思，（牝）就是母牛的意思。商朝家畜的性别，从一个字里就能看出来。

　　话说回来，甲骨文中和"豕"有关的字至少有十几个，涉及猪的公母、大小、状态、阉割与否等，可见当时猪的饲养已经比较成熟。

　　还有一个典型的和猪有关的字，就是。房子里有一头猪，这是"家"字，也代表了古人对家的朴素愿望。有人有屋檐的同时，也有着自己的牲畜。

　　对于中原地区的人来说，猪的饲养成本和牛、羊相比是最低的，无须放牧，也不需要专门的饲草，随便给些吃的，猪就能长得白白胖胖。人们不一定有条件养牛、羊，努努力却有可能养一头猪。于是，猪在我们的文学艺术中的形象也就这么积累了下来，是无忧无虑、傻得可爱的代名词，又似乎带着一丝温馨和暖意。

能歌善舞的商朝人

　　我们现在听音乐，大多是出于欣赏或者娱乐的目的，好的音乐总能带动人的情绪。但这些我们习以为常的事，对古人来说却并不容易。音乐，从贵族到民间，从娱神到娱我们自己，中间经历了很长的时间。

　　在商朝，从各种文物和文字之间，我们能感受到音乐诞生早期的样貌。

商朝有什么乐器？

该怎么描述商朝的音乐呢？那是一种古朴、原始的声音，石磬的声音清脆悦耳，陶埙的声音如泣如诉，鼓槌撞击鼍（tuó）皮（鳄鱼皮），铜锤敲响钟铙，没有太过繁复的编排，但一下下响在耳边，敲在心头，像远方的幽灵，像神鬼的呼唤。

我们的音乐最初和巫息息相关。

位于河南省舞阳县的新石器时代贾湖遗址，曾出土了一批和宗教祭祀有关的文物：有和殷墟类似的，用于占卜祭祀的龟甲；有一个特殊的刻画符号，像是一只睁开的眼睛，和甲骨文里的"目"字简直一模一样；还有一批神奇的笛子，用丹顶鹤的尺骨，也就是翅膀上的长骨做成，通体棕色，大多钻有七个孔，有的孔旁边，还留有钻孔前刻的等分标记。这些骨笛据监测来自8000多年前，至今仍能吹出声音。

为什么用丹顶鹤的尺骨做笛子？"鹤鸣于九皋，声闻于天。"（《诗经·小雅·鹤鸣》）"鹤骨为笛，甚清越。"（《本草纲目·禽部》）古人大概也尝试过其他材料，只是最后发现使用鹤骨制作笛子，既有美好的寓意，又能产生清亮的声音。

音乐工作者对出土的贾湖骨笛进行测音后，发现其中几支完整的笛子竟能吹出七声音阶。在这之前，很多人认为我们古代的音乐主要是五声音阶，是因为音阶发育不完善，但随着一件件乐器文物的出土，我们发现，上古不是没发展出七音，而是从审美的角度选择了五音。七音更跳脱，五音更平衡，选用五音演奏，和古人的文化与哲学观念息息相关。

由骨笛出土的位置来看，它们的主人大多是巫师。我们可以想象，在那个自然崇拜的时代，人们认为这样奇妙的声音能与上天产生某种联系，每当向上天占卜祭祀的时候，人们就会吹响骨笛，召唤神明。

这批骨笛中，有支编号为 M282-21，考古人员发现它时，已经断成了三截，每个断裂的地方都有几个小孔，说明骨笛应该在墓主人生前就已经断了，断裂处的小孔，是主人为了把笛子重新拼合起来的痕迹，曾经应该有细线穿过其中，将破裂的三截笛子紧紧地缀合在一起。

8000 年前的人们可能还不懂物为什么会破碎，人为什么会死去，但他们有着同样热烈的情感。我们很难知道为什么这根笛子会断成三截，但我们知道，这位墓主人在音乐上一定有很深的造诣；我们也知道，在当时制作这样一支笛子肯定非常不易；我们还能猜测，这支宝贵的笛子也许和主人一起经历过什么，使得主人对它有着很深的感情，哪怕破碎了也要重新拼起，哪怕死去了也要葬在身边。

几千年后，时间到了商代，人们占卜时除了用龟甲，还大量使用原料取用更为方便的兽骨；"眼睛"依然在，只不过这时的"目"已属于成体系文字中的一员；笛子依然在，只不过它早已不再形单影只，厚重、精致的乐器一组组一件件地从尘封的土地中重现。甲骨文里发现了许多和乐器有关的字，《礼记·郊特牲》也记载"殷人尚声"。商朝人爱好且擅长声

鼓

喜

彭

乐是有目共睹的。

那一场盛大的商朝音乐表演，会是什么样的呢？

把控节奏的"鼓"肯定是不可或缺的。

，是商代一种鼓的样子，和考古出土的商代铜鼓十分相似。这是"壴（zhù）"字，就是"鼓"的左边部分。

有时，鼓上会插上不少装饰物，就成了。这是"鼖（fén）"字，《说文解字》说："大鼓谓之鼖。鼖八尺而两面，以鼓军事。"这是一种常在军事行动中使用的大鼓。

旁边加一只拿着鼓槌的手，就成了。这是"鼓"字，像是手拿着鼓槌正在敲鼓的样子。所以"鼓"在很多古文中都用作动词，比如我们熟悉的"一鼓作气，再而衰，三而竭"，里面的"鼓"，就是"打鼓"的意思。

下面加个"口"，就成了。这是"喜"字，鼓声响起，人们张嘴欢呼，这是我们祖先最早的"喜"的概念。音乐确实有这样的魔力，能鼓舞人心，让陷于灾难、困苦与害怕中的人暂时欢悦起来。

右边加一些小点，就成了。这是"彭"字，

那些小点是鼓声的形象化。"彭"字本义指鼓声，很多人可能不知道它是个多音字，除了"péng"，另一个读音是"bāng"，读起来就是鼓的声音。

除了像🎵这样立着的鼓，那时还有一种小鼓，甲骨文写作🎵，字形就像是双手拿着一个有柄的鼓。这是"鼗（táo）"字，《周礼》注曰："鼗如鼓而小，持其柄摇之，旁耳还自击。"意思是鼗是一种迷你版的鼓，拿着它的手柄摇啊摇，两边有垂着的小耳朵自己就会打起鼓来，可以说是拨浪鼓的前身。

商朝的打击乐器当然不只有鼓。甲骨文里还有这样一个字，🎵，一只手拿着棒槌正在敲击着什么的样子，被敲击的东西用绳线悬挂着。

这是商代乐器"磬"——一种用玉石打磨成的敲击乐器。商代考古出土了许多磬，有三角形的、梯形的、不规则五角形的、长方形的等。甲骨文里的🎵字，就像在敲击三角形石磬的样子。这是"殸"字，也是"磬"最初的写法。磬的声音干净清脆，听起来就好像是山间的泉水。

除了磬，打击乐器还有我们耳熟能详的"钟"。我们常说"钟鼓之色"，李白的《将进酒》里也有一

鼗

殸

句"钟鼓馔玉不足贵，但愿长醉不复醒"。这里的"钟鼓"指"鸣钟鼓"。先秦时，钟和鼓是王室贵族们的专属礼乐器，精致繁复，不是普通人家能用得起的。

如果我们去逛博物馆，会发现一件尴尬的事，好多我们以为是钟的乐器，一看名字，竟然都不是钟，不是钟也就算了，还都是一些名字都很难读的乐器，什么钲啊、铙啊、镈啊……可是它们看起来明明和钟很像，到底有什么区别？

没错，商朝青铜乐器已有了一定的发展，那些形似"钟"的乐器，其实各有各的不同。

我们最熟悉的钟，看起来像是把两片青铜瓦片合在了一起，它下面的开口呈弧形，这使得整个共鸣腔不像是那种笨重的圆筒，而犹如一个流线型的核桃状瓦筒。

虽然现在它们被端正地摆放在博物馆中，但曾经都是悬挂起来使用的，悬挂方式上也有花样。有的上面是一根长柄，绳子可以穿过柄上突出的小钮进行悬挂，这是甬钟，挂起来微微倾斜。有的就比较偷懒，顶端只有一个青铜大钮，绳子可以直接穿过，所以悬挂起来是直垂着的样子，这种是钮钟。

著名的曾侯乙编钟全套 65 件，气势十足，其中 45 只都是甬钟，最上层一排 19 只小巧迷你的是钮钟。但仔细看，最下层中间好像有一只特别突兀的，开口明显跟其他的不一样，不是那种优美的曲线，而是平口，体型也比较大，这是什么？

这只有点笨重但又显得稳重的大钟叫作"镈"，是大型单个打击乐器，就像是负责指挥节奏的定音鼓，一个乐队里有一只就够了。有了这一只，就能稳定人心，散而不乱。

曾侯乙编钟不仅中看，也非常中用，每个钟都可以演奏出两个音，全套钟十二个半音齐备，能演奏出优美的五声、六声或七声音阶乐曲。

不过这样开口朝下的编钟在周代才开始见到，商朝还未发现如此繁复的青铜编钟。

要说商代流行什么乐器，铙一定在榜上。这是一种形制上和钟很像的乐器，但看起来就像是倒过来的甬钟，小的可以直接手持，大的一般就固定在一个座上，演奏起来声音低沉，余音悠长。妇好墓就出土了一组铙，五个成组，大小错落，铸刻精致。

不过如果你看到了一件像铙但又比它大一点的青铜乐器，别着急认，那可能不是铙，而是钲。钲，就像是放大版的铙，在行军时候用得比较多。可以想象，伴随着响亮的钲声，士兵的步伐将迈得更加整齐而有力。当然，它也可以用于祭祀和宴飨，比如目前发现最大的一件钲高 1 米多，重 200 多千克，如果是行军的时候带上，那也太过于笨重了。

有放大自然也有缩小，铃就像是缩小版的钟。不过和钟不同的是，钟是敲击外壁发音，铃是内部有一个铃舌，摇一摇，铃舌敲击内部，自己就发出清脆的声响。

庸

龠

比铃又要稍大一些的叫作铎。使用铎还有一个专门的动作叫作"振"，《周礼》里就提到"群司马振铎，车徒皆作"，说司马振起铎，车徒就站起来准备行动，看来铎也常用在军事中。

欣赏了那么多的钟形青铜乐器，我们再来看甲骨文里的 字，就会觉得比较亲切了。 字上面部分是一口大钟，下面部分像是木座。这是"庸"字，在甲骨文里常指青铜乐器镛钟，有点类似于镈，体型较大，起到定音的作用。

中国古代哲学中所说的"中庸"之道，不偏不倚，平和中正，最初应该就是以礼乐为喻而推演到人生哲学的。很多道理为了让人们更好地理解，都是从比喻开始的。

前面说的鼓、磬、钟都是硬核的打击乐器，一个乐队只有这些未免有点单调。没事，商人早已发现气息和孔洞碰撞后会产生一种奇妙的声音。甲骨文里有一个"龠"字写作 ，字形就像是把好几只竖管编在一起的样子，上面还有一只正在吹奏的嘴巴。

看来，当时不仅有了单个的管，还有排在一起的编管，像是后来"笙"（由十三根长短不一的竹管编制成）的前身。根据卜辞记载，商人常会在祭祀的时候吹奏龠。

"和"表示"和谐"时，繁体字写作"龢"，右边"禾"表示读音，左边为什么是乐器"龠"？这是因为"和"最初指的就是音乐相合的意思，后来才引申出和谐、调和之义。

除了龠，考古还出土了陶埙，像一个个小巧可爱的花瓶。长得可爱，吹奏起来声音却极为低沉，尤其适合祭祀的场合使用。陶埙的声音响起，就像哀怨的鬼魂在耳边低声呜咽，像远方的神明正吟唱着天机，配合着青铜乐器，着实有一种庄严肃穆的氛围。

有了管乐，我们不免就会想要再"得寸进尺"一些，能不能再来点弦乐？商朝有琴吗？

琴的材质注定它保存不了太久的时间，商朝考古至今没有出土过琴。但甲骨文里有这样一个字：𢆶，上面的𢆶是丝，下面的𣎴是木，丝弦附于木上，这不就是琴吗？有时还写作𢆶，了解繁体字的应该会觉得它十分眼熟，这就是"樂"字，中间的"白"部分可能是指弹击琴弦的拨子。

作为一个常用字，"樂"的笔画这么烦琐，写起来实在有点麻烦。那怎么办呢？到了东晋，自由飘逸的草书作品中率先出现了"乐"的写法，方便简洁，慢慢发展成了"樂"的俗字，流行于民间。到后来简体字改革，"乐"终于成功上位，代替"樂"被扶为了正体。这真可以说是一段"乐"字的励志史。

至此，一个商代乐团也就集齐了，不过这离"最终体"还差点东西。

奏

上古时候，音乐、诗歌、舞蹈常常是一体的，你中有我，我中有你，可以统称为乐或者乐舞。商朝也是一样，《周礼》里提到的《大濩》相传就是成汤命令伊尹所作、歌颂自己功绩的乐舞。甲骨文里经常提到"奏舞"，意思是奏起音乐跳起舞。其中"舞"字尤其形象，甲骨文写作 、 、 、 、 等形，就像是一个人手上拿着舞具翩翩起舞的样子。而"奏"字写作 ，就像乐舞表演时，人们手上拿着繁复的饰物，向鬼神进献奏告的样子。

简而言之，光有音乐不够，还得有人跳舞，有时还得边跳舞边吟唱。我们的祖先曾经可是一群能歌善舞的人。

文献里记载了《桑林》《大濩》等各种当时的舞名，还记载了一种戴着面具的舞蹈，名为傩舞，这种驱瘟避疫、表示安庆的娱神舞蹈，至今还在江西、福建等多个地方传承。

甲骨文里更是记载了许多乐舞的类型，比如林舞、万舞、舞戉、舞羊、舞蚰（kūn），等等。总的来说可以分成两大类，一类文舞，一类武舞。文舞主要是拿着羽毛、牛尾之类的饰物随音乐起舞，就像"舞"字的甲骨文所描画的那样；而武舞，是指拿着兵器跳舞，比如舞戊就是一种以戊为道具的舞蹈。戊在甲骨文里写作𢧜，非常形象，就是一种像大斧头似的武器。

　　有乐器，有歌舞，商代乐舞盛会所需要的元素才算是基本集结完毕了。一场大型的乐舞表演，一般只有在大型祭祀活动中才能欣赏到，商人们以此来沟通鬼神。《诗经·商颂·那》里就描写了一场商代的乐舞，我们可以跟随《诗经》的脚步，带上前文的乐器与舞蹈，奔赴商朝感受一回上古风情。

猗与那与！置我鞉鼓。

奏鼓简简，衎我烈祖。

汤孙奏假，绥我思成。

鞉鼓渊渊，嘒嘒管声。

既和且平，依我磬声。

於赫汤孙！穆穆厥声。

庸鼓有斁，万舞有奕。

我有嘉客，亦不夷怿。

自古在昔，先民有作。

温恭朝夕，执事有恪，

顾予烝尝，汤孙之将。

这首诗是，大概意思是：

好盛美啊好繁富，堂上摆出靴和鼓。

敲起鼓来咚咚响，令我祖宗多欢愉。

商汤子孙齐祷告，赐我太平祈先祖。

摇起靴来砰砰响，吹奏管乐声呜呜。

曲调和谐又清平，磬声节乐有起伏。

商汤子孙真显赫，音乐和美又庄肃。

钟鼓洪亮一齐鸣，场面盛大看万舞。

我有助祭好宾客，无不欢欣在一处。

在那遥远的古代，先民行止有法度。

早晚温文又恭敬，祭神祈福见诚笃。

敬请先祖纳祭品，商汤子孙天佑助。[1]

借此我们也可以想象，当时商朝为祭祀举行的乐舞场面有多盛大。丰富的祭品摆放在前方，边上有人敲着立在地上的大鼓，有人有节奏地摇着拨浪鼓，有人在敲击磬，有人在敲青铜钟一类的乐器，声音洪亮悠长，曲

---

1 上海辞书出版社文学鉴赏辞典编纂中心. 先秦诗鉴赏辞典 [M]. 上海：上海辞书出版社，1998：717—719.

调起伏而又和谐。

和着音乐，中间整齐庞大的队伍正在跳着万舞，一旁的宾客欢快地沉浸在这乐舞表演之中。

靡靡之乐，亡国之音

音乐在商周礼仪中本来应该是严肃的敬神方式，以致当商纣王命令乐师创作娱乐自己的音乐时，被当时的人强烈地批判，这种音乐也被称作靡靡之音、亡国之音。《史记》《韩非子》中都有记录这段历史，比如《韩非子·十过》中就说："此师延之所作，与纣为靡靡之乐也。及武王伐纣，师延东走，至于濮水而自投。故闻此声者，必于濮水之上。先闻此声者，其国必削，不可遂也。"

这也是成语"靡靡之音"的典故来源，大概意思是说要求作靡靡之音的纣被伐了，创作的乐师延也投水自尽了。所以，听这靡靡之音的人，国家必定败亡。

只不过，人性之所向实难压制，到了春秋战国，音乐就开始普遍地用来娱乐宾客和王侯贵卿，《左传》里就有描写人们以乐舞来助兴宴席的盛况。音乐也逐渐从统治阶级扩散到民间。

"靡靡之音"曾被人们一致批判、唾弃，后来虽明面上仍没有被大力

瞽

推崇，却也开始慢慢流行起来，被许多人所喜欢。

但在商朝纣王时期，一切都还处于初期的矛盾发展之中。

如果回到商朝，你很可能会遇见一位盲人乐师，他每天总是早早地起床，静静聆听万物的韵律，一切刚刚苏醒缓缓萌动，他说那是大自然伸懒腰的声音。

在商朝，他这样的人一般被称为"瞽（gǔ）"。在甲骨文里这个字写作𦥑，上半部分是一只缺了下框的眼睛，表示目盲，下半部分是一个人手拄着杖，就像是一位盲人正借助盲杖在行走的样子。没错，"瞽"字最初指的就是盲人。盲人对声音比较敏感，在古时常被选作乐师，因此也有乐师的意思。

商代有个专门学习音乐的地方，就叫"瞽宗"。看名字里带"宗"就知道，这里也是祭祀的地方，音乐在当时的主要用途就是祭祀。

日头升起，这位盲人乐师快速地整理好衣物后，就拿起盲杖踏上了去瞽宗的路，那是他上班的地方。在瞽宗，他有上百位乐师同事，许多是先天盲人，也有一些是擅长音律的普通人。《周礼》里就有记载："上瞽四十人，中瞽百人，下瞽百有六十人。"可见乐师队伍之庞大。这些乐师中藏龙卧虎，技艺高超之人比比皆是，当然也有一些最近才刚进来的年轻学生。

所以他每天的工作都很繁忙。要练习乐器、创作音乐，让祖先神灵们听到我们的声音；要修修乐器调调音，更要教导新人，向他们传授乐器的演奏技巧，让他们领悟每一个音符背后所蕴含的礼仪。音乐是用来与神灵对话的语言，不可亵渎。

甲骨文里就有不少商朝王子学习乐舞的记录。"甲寅卜，乙卯子其学商，丁永？用。一。（甲寅日占卜，乙卯日这天子去学习乐舞商，会有福佑吗？）"（《花东》487）"丁酉卜，今旦万其学？（丁酉日占卜，今天一早要学万舞吗？）"（《屯南》662）。

当然，这位盲人乐师最重要的工作，还是和其他乐师一起在宗庙前祭祀。乐师队伍庞大，但每个人都有着自己的位置。有人吹奏陶埙，有人弹奏琴瑟，有人敲响钟鼓，还有人翩翩起舞，和音乐完美融合。乐师们通过这盛大的乐舞，与祖先神灵沟通，祈求祖先庇佑大商的子民，让福泽洒遍大商每一个角落。

本来日子就这样平静地、日复一日地过着。可突然有一天，商纣王提出了一个特殊的要求，他说想要乐师们创作一些不一样的乐舞，一些供他和他的宾客们欣赏的乐舞，不为了祭祀，不需要庄严神秘，只需要好听优美让人享受。

这在乐师中引起了轩然大波。刚开始大家都很犹豫，面露难色，几个胆大的甚至直接表示反对，毕竟这有悖于传统，音乐是献给神灵的礼物，怎能沦为世俗的玩物？但在王的坚持下，还是有乐师妥协了，试着去创作了那不一样的音乐。

"此师延之所作，与纣为靡靡之乐也。"

那音乐如此与众不同，美妙悦耳、余韵绕梁，让人听了如痴如醉。

可是，纣王似乎沉沦在了这音乐中，他的宫殿里常回荡着这新的曲调，祭祀之事却越来越少。

这让许多乐师开始怀疑自己是否做错了，是否不应该创作这样的音乐？

这位盲人乐师也一样，只是他一面在自责的苦海中挣扎着，一面又似乎忍不住继续这不同寻常的创作。就在这两难的困境中，他仿佛看到大商的命运在这乐声中渐渐变得模糊，如同他眼前那永远无法消散的黑暗……

商朝亡国之后，周继承宣扬了其许多文化，祖先崇拜、青铜文化，等等，摒弃抹除了一些文化，比如最典型的人祭，当然也在批判中融合改进了一些文化，礼乐就是其中之一。

周灭商后，周公旦修订了礼乐制度，各个阶层有怎样的礼仪规范，用怎样的音乐规格都有严格的限制。一套更加完备、复杂的礼乐制度从此建立起来，人们以此来调和政治，规范各个阶层的行为，维持社会秩序。

商乐在和周礼的碰撞中逐渐落到下风，但它的影子仍旧闪烁在后来的各种钟鼓乐器之中……

商朝人怎么打仗？

　　假如我们穿越回商朝，首先难以接受的，恐怕是商朝人对待战争的态度和对待敌人的手段。你可能会看到他们面对战争毫无畏惧、谋略周旋的场景，可能会看到他们一次又一次互相残杀、死伤无数的场景；也可能会看到他们对非我族类的敌方俘虏施行的一个个残忍刑罚的场景。

　　但如果你穿越回的是比商朝再晚一些时候的周朝，你感受到的战争观可能就会非常不一样。

　　一朝之隔，这中间发生了什么？

族

为什么是化"干戈"为玉帛？

最早的战争，人们仅以木棒、石块为武器，甚至互相肉搏。到了商朝，情况已大不相同，此时的战争已成规模，且有比较完善的制度体系。

甲骨文里有一个字写作 ，字形是一面旗帜下有一支箭矢，指的是在同一面旗帜下战斗的人，这是"族"字最早的写法。早期人们为了更好地抵御外界的灾害，一族的人常常聚居在一起，为共同的利益而奋斗，这也使得早期军队的组织常以族为单位。甲骨文里就经常有让"王族""多子族""三族""五族"去各地征战的记录。

如果商王要出征，一般军队会由几个部分组成。主力部队一般是商王自己的军队，也就是王族部队，以及商朝各个自立宗室的王子的军队，也就是"多子族"部队。除此以外，商王也可以调遣王畿内其他各宗室贵族的军队，有时还会召集一些服从于商朝的其他方国的军队。

各族的军队不会打散，仍以族为单位，编入一个更大的军事单位中去。

甲骨文里有个字和"族"颇为相像，写作，飘扬的旗帜下站立着许多人，这是"旅"字，指聚集各族兵在旗下。旅最初是一个军队编队单位，因为旅中往往包含着各地区各族人，彼此之间没有血缘关系，一同向陌生的地方出征，所以后来"旅"又引申出旅人、旅行的意思。

像（族）、𣃦（旅）这样字形中带有一个旗帜的字，甲骨文里还有不少。比如"旋"字，甲骨文写作𣃦，其中𣥂指的是脚，常用来表示走的动作，整个"旋"字形像是人随着旗帜挥舞转动而快速走动的样子，以表示军事中的"周旋"之义，后来又引申出旋转、速度快、凯旋等意思。

为什么这么多字里都有一面旗呢？这是因为旗在中国古代有着非常重要的地位，旗往往在高处随风飘扬，视觉上非常显眼，不管远近的人都容易看到，在军事中能发挥极大的作用。旗所插的地方，意味着部族所在地，旗帜挥动的地方，意味着军队的指挥所在地，而旗所指向的方向，意味着目标敌人的所在地。

甲骨文里的"中"字写作𢆶，就是一面旗帜插在

旅

旋

中

土地正中央的样子，寓意着旗帜所立之地即为天下之中，四方皆要来朝。

除了军事组织上体系分明，商朝的军事水平也已有了比较大的提升，尤其是拥有了不少军事装备，一些装备甚至千百年后仍在沿用。

当时人们最常用的武器是戈，样子正如它的甲骨文写法十，一根长长的木棍，顶端安着类似镰刀的青铜制兵器，使用时可以像锄头那样凿击敌人，也可以像镰刀那样用割杀的方式。甲骨文里的"伐"字写作升，就是把戈架在人的脖子上的样子，意思是击杀。

有句常见的俗语"化干戈为玉帛"，是指化解战争，让双方达成一个比较友好的关系。其中戈就是前文所说的兵器，因为在当时使用广泛，所以用来泛指进攻武器。而"干"呢，甲骨文写作单，字形是当时一种盾牌的样子。一个是常见的防御武器，一个是常见的进攻武器，于是古代人便用"干戈"来指代战争。

当然，商朝的长柄武器不仅只有戈，矛也颇为常见。矛的下面部分是长杆，上面是尖锐的矛头，主要用于刺击。

除了戈矛，商朝还有一类常见的兵器——斧钺。

戈

伐

干

斧是一种古老的工具。甲骨文有一字形为 ，就是斧头一类工具的样子，这是"斤"字，最初指的就是斧一类的工具和兵器。"兵"字的上面部分是"斤"，甲骨文字形更为形象，像是两只手拿着斧头兵器的样子。所以和"斤"有关的字，许多都和斩断的动作有点关系，比如斩、断、折等。

钺则是指一种大斧类兵器，甲骨文写作 或者（戉），十分形象。这类兵器在战场上使用不太有优势，多用在行刑的时候，慢慢便发展为权威的象征。甲骨文里的"王"字写作 ，就是斧钺的象形，在商朝这样的斧钺即象征着王权。所以商朝墓中出土戈矛的极多，出土斧钺的极少，只见于一些大型的王室墓葬。

至于刀、剑等短兵器，在商朝还没有得到普遍使用，毕竟当时的作战主力还是步兵，戈、矛一类的长柄兵器能与敌人拉开比较远的距离，使用起来更加安全高效。不过一些高级将领有时也会配一把短刀以备不时之需，刀字甲骨文写作 ，就像是一把短刀的样子。

不仅近距离作战兵器完备，远距离作战武器在商

斤

兵

钺

王

矢

弓

备

朝也已经十分成熟。

箭矢的"矢"甲骨文写作↑，就是箭矢的象形；"弓"字甲骨文写作〉或〉，前者是弓上弦后绷紧的样子，后者是未上弦时弓松弛的样子；"射"字甲骨文写作➤，由箭和弓以及一只手组成，就像是手拉弓箭，在弦上即将射出的样子。

甲骨文里还有字写作➤、➤，或➤，字形像是一个容器里装满箭矢，或者人背着装满箭矢的容器。这些是"备（備）"字早期的样子，最初指箭袋，因为把箭装入箭袋是打猎或者打仗前的必备工作，所以后来"备"引申出准备、完备等意思。

甲骨文卜辞中常有"登射""令某以三百射"的记录，意思是"聚集射手""让某人率领三百射手"，说明商朝已拥有专门的装备齐全、训练有素的远攻部队。

另外盔甲一类的防护装备，商朝也已具备。"甲"字甲骨文写作十或者⊞，像是小甲片的象形。"卒"字甲骨文写作➤，就像是由小块甲片缝缀成的甲衣。最初，"卒"指的是穿用甲胄的高级军官，后来甲胄成为士兵的普遍装备，卒的意思也就扩大成为士兵。

除了以上这些比较常见的小装备，商朝还有一个相对比较先进的大件装备——战车。军队的"军"字下面是"车"，就是因为商朝时战车是重要的作战工具。

根据文献记载和殷墟出土的车马坑情况，一辆战车上通常有 2 至 3 个人，以 3 人为多，一边是指挥官，一边是射手，中间是驾驶员。

商人的战争谋略

军备只是军队实力的其中一个因素，如果作战时无谋而光有勇，即使军备实力可观，也难保常胜。鼎盛时期的商朝四方受敌、征伐不断却能百战不殆的其中一大原因，就是懂得"谋"的艺术。

商朝的"谋"，首先在情报的收集上。知己知彼方能百战不殆，商朝在作战过程中十分重视对敌方情况的侦察。

甲骨文里有"见舌方""望舌方""目舌方"的记载，是当时的侦察用语。舌方是商武丁时一个实力强劲的方国。"见"甲骨文写作，是人静态跪坐的样子并突出眼睛，最初指看见，这里指的是逼近侦察、监视舌方的情况；"望"甲骨文写作，一个人站在高出地面的土堆上抬头仰望的样子，最初指站在高处向远处看，这里指的是在高处瞭望、窥望舌方的

见

望

目

情况；"目"甲骨文写作✍，就是一只眼睛的样子，本义指眼睛，这里也指用眼睛看的动作，表示仔细看舌方的情况。

甲骨文里有条卜辞："募人三千乎望舌方？"意思是卜问是否要招募3000个人，去侦察敌方的情况。

可见商王对情报的重视，为了充分了解敌方情况，花费了比较大的人力物力，侦察方式多，侦察兵也多。

只不过商朝信奉鬼神，除了以上获取情报的方式，还常常以占卜的形式向鬼神祈求建议。卜问"某敌方是否会出现""某敌方是否会进攻""某敌方出现是否会造成灾祸"，等等，体现了时代的一些局限性。

商朝的"谋"，其次在军队的训练上。俗话说：养兵千日，用兵一时，商朝作为一个崇尚武力和军事的大国，深谙养兵的重要性，即使没有战争，也会常常进行各种军事训练。其中最妙的，当属商朝发展出的一种田猎形式的军事演练，假托狩猎之名，实行军演之实，一次名义上的田猎行动，就能悄无声息地干成一堆事。

甲骨文里有一个这样的字，✍，字形是一种捕鸟工具，这是"禽"字，本义是动词"擒获猎物"的意思，是"擒"字的初文。后来由动作行为引申为动作的对象，才变成鸟兽类总称。上面有时会加声符"今"，写作，就是我们如今熟悉的"禽"字的来源。而为表区分，表示擒获义的字形，则加上了提手旁，成了"擒"。

禽

"禽（擒）"最初仅用在打猎时，后来我们却常常在军事中使用它，说擒获了多少多少敌人。为什么会有如此变化？其实这背后就暗含着古代田猎和军事的关系。

田猎，也就是后来我们所说的狩猎，顾名思义，为了田而猎，初衷是为了抓捕野兽，免得它们危害农田，顺便野兽也能当作饱腹的食物或者祭祀用的祭牲。后来，随着商朝国力的日渐强大，田猎也就慢慢地添上了政治的属性。

如果穿越到商朝，你可能就会看到商王和臣子们在讨论去哪里田猎的场景。众人在舆图上观察着商朝疆域：这块是某个氏族的地界，上次去过了；这块的氏族和王室交流挺多的，情况比较清楚，暂时可以不用去；差不多该轮到去这里了……

田猎的地方越多，范围越广，往往也意味着王朝涵盖的疆域越大。目前所知，武丁时期的田猎地点最多，有四十多处，还涉及了一些后世再也没有出现过的偏远地方。

为了更好地达到田猎训练的效果，商王还专门设立了一个部门"犬"，犬官们类似于先行官或者侦察官，会提前去当地和部族建立联系并侦察情况。什么地方野兽出没较多？什么地方最适合进行田猎行动？什么地方既能达到训练的效果又能保证安全？

出猎的队伍和出征时的一样，浩浩荡荡，有王族自己的武装部分，有各种官员，有从其他氏族抽调来的部队，去哪里田猎，那个地方的氏族也得派军队配合着一起上。

因为商朝生态环境好，野生动物众多，再加上出动的阵仗实在太大，所以田猎的收获也常常十分丰富。甲骨文里经常记载田猎擒获了几十头鹿，几百只兔，上百头麋、狐狸，偶尔还能打到几只老虎。

丙戌卜，丁亥王㐸（麋）禽？允禽三百又卌八。【丙戌日占卜，丁亥日王的陷阱能擒获麋鹿吗？果然擒获了三百四十八头。】（《合集》33371）

戊午卜壳贞：我狩獻，禽？之日狩，允禽［隻］虎一、鹿卌、犰（狐）百六十四、兔百五十九……【戊午卜，壳贞问：我王在獻地狩猎，能擒获猎物吗？第二日狩猎，果然擒获了一只老虎，四十头鹿，一百六十四只狐狸，一百五十九只兔子……（《合集》10198正）

这些狩猎成果，商王也不会独吞，常常会赏赐给各氏族，起到展现商王气度和各氏族交流感情的作用。

有时候田猎还能有一些意外之喜。比如商朝时候有个地方叫企，大概在现在陕西那一带。这地方最早其实不在商王朝的管辖范围之内，但商王武丁野心勃勃，田猎的地点也选得越来越远，最后田猎着田猎着，企这块地方就属于商朝了……毕竟是带着军队打猎，偶尔还能起到开疆扩土的作用。

训练军队的同时收获大量猎物，还能视察各地氏族，加固政权统治，顺便还可能开疆扩土。这样的军事演练，可谓充分展现了谋略的艺术，把一件事的价值发挥到了极致。

除了甲骨文中的记录，传世文献中也有商朝重视攻防战略以及用乐器来传递信息的记载。我们可以发现，商朝虽未见有兵书，却早已有军事上的谋略，发展出了一套丰富的、可实操的作战经验。

一场鼎盛时期的大战

武丁时期，商朝各方面实力都达到了一个顶峰，祭祀频繁，征伐不断，四方来服。甲骨文中记载所用篇幅最大的一场战争，就发生在这个时期。

我们先来看下"服"这个字。在甲骨文里，"服"写作，左边是声旁"凡"，右边像一个人被一只手制服着的样子，因此，"服"的本义指

服

的是服从、顺服。

商朝有一项重要的政治制度叫"内外服"，是根据和王室宗族血缘关系的远近，来划分政治结构。内服指的是王畿内的区域，主要是和王室沾点亲故的各个宗族，商王可以直接管辖；外服指的是王畿外的区域，主要是和王室血缘宗族关系比较远的各个异姓方国或部族，它们臣服于商朝，和商朝之间存在一定的权利和义务关系。

外服的统属关系十分松散，商王朝不直接插手方国的管理，只需方国定期上贡一些粮食、器物，在商王朝需要打仗的时候，提供一些兵力，在商王朝有建筑工事的时候，提供一些劳动力，等等。一些偏远的附属方国，如果力量小还好，力量一大就容易不受控制，上文提到的方国舌方，就是一个典型的例子。

舌方位于商朝西北方，由畜牧民族组成，本来一直臣服于商朝，甲骨文里还记载了舌方首领亲自来朝觐商王的事。

　　贞：王曰舌来？ [王] 占曰：吉。其曰：舌 [来]。【贞问：王卜问舌会来吗？王占卜的结果

是：吉。王说：舌会来。】（《合集》5445 正反）

舌方国有人前来，商王似乎挺开心的样子，认为这是吉事，看起来当时舌方和商朝的关系还不错。

只可惜，这和睦的景象只是一时。

因为舌方一面臣服于商朝，和商朝保持着友好的关系，一面也在默默积蓄自己的力量。一段时间后，舌方的军事实力达到了西北游牧民族之最。它大概觉得自己的力量已经足以和商王朝抗衡，于是最终选择了叛离商朝。不但不给商朝上贡，不听商王指挥，还想偷偷占点相邻的土地。比如下面这条卜辞：

王占曰："有求。其有来艰。"迄至七日己巳允有来艰自西，微友角告曰：舌方出，侵我示䕵田七十人五。（《合集》6057 正）

这大概是说，商王在卜问接下来一旬（十天）是否会有灾祸？卜问结果是会有灾祸。结果几天后果然西边传来消息，说舌方侵占了我方某地 75 人的农田。

不仅侵占农田，还抢夺牲畜。看下面这条卜辞：

告曰：舌方亦圍，以我牛五十。（《合集》6072 正）

这大概就是说舌方又进犯，还抢走了我们五十头牛。

商朝应对战争的措施主要有两个，一个和后世一样是各种政治军事手段，还有一个就是求神占卜。

面对进犯的敌方，商王武丁的第一步举措是"告"。

"告"是商朝时候一种常见的祭祀，甲骨文写作𠮷，告祭就是一边祭祀，一边将目前的情况告知祖先，祈求祖先保佑。商人不仅征战前要举行告祭，征战过程中的一些关键环节，也要举行告祭。

舌方进犯后，商王对不同的祖先进行了大量的告祭，等于是把这事跟一些重要祖先们轮流交代了个遍。数量之多、范围之广，大大超过了其他方国入侵时的情况。这也说明舌方确实实力强劲、不容小觑。

贞：告舌方于上甲？【贞问：要向上甲举行告祭告知舌方的事吗？】（《英藏》546）

……[告]舌方于示壬？【要向示壬举行告祭告知舌方的事吗？】（《合集》6131 正）

贞：于河告舌方？【贞问：要向河举行告祭告知舌方的事吗？】（《合集》6133）

贞：告舌[方]于唐？【贞问：要向唐举行告祭告知舌方的事吗？】（《合集》6138）

当时，商朝正处于和土方交战的关键时刻，但商王仍密切关注着舌方的情况，持续派人去当地了解情况，视察敌情，甲骨卜辞中也因此记录下了大量舌方的行动轨迹。作为游牧民族，舌方行动灵活，时不时地出现在商王朝的各地界。

征

乙丑卜壳贞：日舌方其至于邍土，其有败？
【乙丑日壳贞问：报告说舌方到达了邍土，会有所毁坏吗？】（《合集》6128）

□□卜壳贞：舌方其至于荓？【壳贞问：舌方到达了荓地了吗？】（《合集》6131正）

贞：舌方弗探西土？【贞问：舌方进入西土地界了吗？】（《合集》6357）

这时候，就有一个需要决策的事摆在眼前：是否要出兵征伐舌方？

"征"字甲骨文写作𝙼，上面方方正正的部分是城墙，下面则是脚的象形，整个字形像士兵正迈着步子，向城池走去的样子。

在当时，远距离征伐方国，是耗费人力物力国力的大事，因此决策前往往要占卜问问吉凶。

贞：乎征舌方？／贞：勿乎征舌方？【贞问：要叫人去征伐舌方
吗？／贞问：还是不要叫人去征伐舌方呢？】（《合集》6310）

乙巳卜争贞：惠王往伐舌方，受有［祐］？【乙巳日占卜，争贞
问：王去征伐舌方，会受到保佑吗？】（《合集》6214）

这样的占卜内容有许多，可见王对这一次出征做了深思熟虑。

舌方实力毕竟强劲，但多次进犯实在是忍无可忍，商王最后选择迅速
结束了和土方的交战，迫使土方降服，将所有力量集中到了对付舌方上。

该走的程序还是得走，不仅是否出征要占卜，带领多少士兵出征也要
占卜，选择哪个将领带兵出征也要占卜，用什么打仗策略也要占卜。

最终，经过反复的占卜决策后，商王选择亲自率兵出征讨伐，以沚戜
为主将，联合毕、师般、羽、甫等将领共同作战。军队上，除了主力王族
和多子族军队，还动员了直辖区域贵族军队和地方侯伯军队。商朝军队一
次通常能召集 3000 人，偶有 5000 人。这次伐舌方之战，商王前后召集了
多次，军队总人数大概在 10000 以上。

大军就这样正式踏上了征伐之路。

前路漫长，胜负难定，这次大战的结果将会如何？扰我边疆，欺我百
姓，非我族类，无论如何定当全力灭之，以保我大邑商长治久安，万世无

疆。大商男子人人都需受军事训练，女子亦可为将，大大小小的战争数不胜数，人们早已把打仗当成家常便饭，认为那是国强民安的必经之路。保国之事，必将全力以赴。

及

这场大战持续了多年，刻下了至少700多条占卜之辞，最终，我们看到的结果是许多"及舌方""执舌方""擒舌方"的记录。

"及"甲骨文写作 ，字形是人背后一只手，以手触到人背来表示追上的意思。战争中只有一方战败的时候，另一方才会需要追，"及舌方"指的也就是追上了溃败的舌方。"执"甲骨文写作 ，字形是一个人的双手被刑具束缚了起来，指拘捕、抓获。"执舌方"，也就是指抓获了舌方的俘虏。"擒（禽）"上文讲过，甲骨文写作 ，在这里指擒获的意思。

这次征伐舌方之战，商朝最后大获全胜，擒获俘虏无数。而在此之后，舌方在卜辞中再也没有出现。

由此，我们便可以大概梳理出这场大战的来龙去脉。武丁时期，西北方有一个臣服于商朝的方国舌，起初和商朝关系友好，商朝也没有太把这个偏远的方国放在心上。可等到反应过来舌方已经发展得十分强大，成了西北一霸。舌方趁着商朝正在和土方打仗的时候，直接叛离了商朝，并且时不时地骚扰一下商朝的边境地带。这让商王很头痛，该怎么处理？打不打？怎么打？在搜集了很多和舌方相关的情报后，商王最终觉得还是舌方的威胁比较大，如果不及时处理将后患无穷。于是，商王迅速结束了和土方的战役，全力投入和舌方的作战中。结果不出所料，舌方果然实力强劲，使得商王屡次增兵。而且舌方是游牧民族，作战比较灵活，机动性强。商朝虽有小胜，却很难彻底灭之，和舌方这一战竟周旋了数年。不过最终，商朝还是靠着强大的军事能力和作战经验大胜舌方，俘虏了大量敌人，收复了西北之地。

战败者的下场

战争虽已结束，但它带来的影响远没有停止。

对战胜方来说，西北之地大患已除，商文化逐渐向西边、北边蔓延。商朝疆域在此前后达到最广，中原王朝日渐发展，武丁也得以被尊为"高宗"，庙号被冠以"武"字，以纪念其赫赫战功。

那些奋战沙场的士兵们也将依次论功行赏。甲骨文里有个字写作 ，是一只手抓着耳朵的样子，这是"取"字。《周礼》里记载："大兽公之，小禽私之，获者取左耳。"就是说当时人们捕到猎物后，会割取其左耳以记功。在古代的战争之中，人们也会以这样的方式来记功。《左传》中就有"俘二百八十人，馘百人"的记载，意思是说俘虏了二百八十人，割左耳以献战功百人。

俘

而战败者，将迎来至暗时刻。

如果你侥幸在战争中活了下来，那么大概率会成为一名敌人的战俘。甲骨文里的"俘"字写作，像一只手抓着一个孩子的样子。如果你是成人，就没那么幸运了，为防止你抵抗逃跑，人们会在你脖子上系上绳索，就像甲骨文"（係）"所展现的那样。如果你看起来很强壮，那就更倒霉了，人们还会给你戴上重重的枷锁，正如甲骨文"（虏）"字。可能还会被关在牢狱里，像是甲骨文"（圉）"字那样。

係

虏

俘虏的下场也各不相同。小孩被教化的空间大，多数会成为商朝的奴隶，如果干得出色，能力够强，将来还可能谋个一官半职，就像商朝能臣伊尹和傅说那样。成人就得看命了，运气好的可能也会成为一名奴隶，被派往各处劳作，运气不好可能就直接被选作了祭牲，血溅异国，被献祭给了异国先祖。

圉

如果你是羌人，那么被献祭的概率更大些，商朝

童

和羌方纠缠了好几代，有着血海深仇。商王祭祀的羌人极多，许多甲骨文字中，都藏着当时商人对羌人的仇视。

比如 🐏（羌），字形就是在羌人脖子上系上绳索的样子；囚，字形像是把羌人关起来的样子；🔪"伐（伐）"字的变形，字形就是把羌人用戈杀死的样子。这样的现象在其他方国之人身上从未出现，可见商羌两国之间仇恨之深。

当然，还可能有一种更为不幸的下场——先被处以刑罚，而后成为奴隶。

先秦文献记载了墨、劓、刖、宫、大辟五刑，这些刑罚，在甲骨文里都已有出现。

"墨"，指的是在脸上刺字并涂墨以做惩罚和标记。郭沫若认为甲骨文中的"🖌（辛）"，就是商代施墨刑的工具。我们可以发现，🖌（妾）和🖌（童）两个字的甲骨文共有一个相同的部分"Ｙ"。这个部分也是前面那个施墨刑工具的上半部分，一般认为这（Ｙ）指的就是一种在面部的标志。所以🖌（妾）和🖌（童）在甲骨文里都表示奴隶的意思，前者指女奴，后者指僮仆。只不过常有一些女奴会被主人看中，因而渐渐有了后来"妾"的意思。而"童"更多地用作孩子的意思后，就加上了个单人旁，成了"僮"，以表示僮仆的本义。

"大辟"，指的是死刑，比如甲骨文里的"伐"写作 ⚔，指的就是用戈割人的脖子以杀死对方。

⚔，鼻子旁边放着一把刀，就像是即将要用刀割去鼻子的样子，这是"劓"字，一种割鼻的刑法。

⚔、⚔，左边是个人，但这个人两条腿的长短不一样，短的那条腿旁边有一把刀。很显然，这是一种把人的腿脚锯掉的刑罚。有的甲骨文甚至形象到把刀上的锯齿形状给画出来了。这是甲骨文里的"刖"字。

⚔，这个字，右边仍然是刀，但左边的部位有所区别。仔细看可以发现，这个字指的是宫刑。

甲骨文里关于宫刑有这样的记载：

> 庚辰卜王，朕劓羌，不殟？【庚辰日占卜问，王对羌人进行宫刑，会发生死亡吗？】（《合集》525）

令人奇怪的是，为什么商人给人动刑后，还要反

劓

刖

复确认他会不会死呢？

不仅是宫刑，前面断腿的刖刑也有类似的卜辞。

> 贞：刖寇八十人，不殟？【对八十个敌人贼兵实行断足之刑，不
> 会发生死亡吗？】（《合集》580 正）

为什么要占卜问受刑之人的死亡情况？难道商人真的会担心这些人的
生命安危？这样的可能性恐怕很小。

最终，一尊源自西周的青铜鬲，为我们指引了方向。

这尊青铜鬲名为"刖人鬲"，现珍藏于北京故宫博物院。它底座有一
扇大门，其中一扇门边上有个看门的人。仔细看可以发现，这个看门的人
正拄着拐杖，而他的左腿自膝盖以下皆被截去。

没错，这位看门人正是一个受了刖刑的奴隶。在先秦时期，受了断足
刑罚的俘虏或者奴隶，如果没有死，就会被用作看门的奴隶。

同样，如果受了宫刑没死，则会被商王留在宫中做奴隶。

在那个医疗还不发达的时代，能经受这样的酷刑而能存活下来的人实
属不易。而商人的占卜与其说是在关心这些受刑的人生命安危，不如说是
在关心这些奴隶的人事安排。

现在看来，实在有些残忍。战争，不仅催生了武器与科技，也催生了
监狱与刑罚。

只不过，有压迫的地方，就有反抗。

甲骨文里有个字写作 🦶，一般用作"逃跑"的意思，这个字的上面部分是一只脚，下面部分有学者认为是一半枷锁的样子（甲骨文里的枷锁：🔒），整个字形正是会挣脱枷锁，欲奋力逃跑之意。

甲骨文中，常有奴隶或俘虏逃跑的记录，以致学者们将其专门分作一类，名为"奴隶逃亡类卜辞"。

[贞]：逃羌，不其得？（《合集》508）

贞：逃刍，不其得？（《合集》132）

癸酉卜亘贞：臣得？王占曰："其得，隹甲、乙。"甲戌臣涉舟，延彘，弗告。旬又五日丁亥执。十二月。（《合集》641）

前两条卜辞，是商人占卜询问逃跑的俘虏和奴隶能否被抓回来。最后一条，则比较详细地记录了3000年前的一次奴隶逃亡事件，有起因有经过有结果。

起因是一个奴臣逃跑了。消息传来后，商王让负责占卜的贞人贞问：臣能被抓回来吗？商王看了看龟甲上的兆问后，占断说："应该能抓获。"抓获时间在逢甲或者逢乙的日子（商代以天干地支计日）。王亲自占断，说明逃跑的臣奴要么是能力强，之前比较受到重视，要么是逃跑的数量不少，集体逃亡。

第一种可能性更大，卜辞后来说甲戌日这天，臣乘坐小舟涉水逃亡了，王派人去找，但小舟藏得很隐秘，派出去的人找不到臣的什么消息，看来逃跑的这个臣确实是有些能力。

抓捕行动仍在继续，在占卜后的第十五天，臣还是被抓回来了。

虽然只有寥寥几语，却也引人无限遐想。这次逃跑是在十二月，就算是商代这也是比较寒冷的时节。不知这个臣，是怎样在饥寒交迫与奔波逃亡中，度过那整整十五天的？

甲骨文里没有记载臣最终的结局，但逃跑奴隶的下场总不会太好，大概率是成了祭祀先祖的祭品。

除了逃跑与抓捕，甲骨文里也记录了不少有组织的越狱事件。比如这条卜辞：

[癸巳卜壳贞]：旬亡忧？[王]占曰："有求。"八日庚子戈逸[羌]□人，施有围二人。（《合集》584）

这是说有一天，监狱里有若干个羌人囚犯不翼而飞，商王就处罚了监狱里的两个人。后面没有记载这些羌人被重新抓捕回来，恐怕意味着这些羌人越狱成功了。也许已经回归家园，也许摆脱了奴隶的身份，在这片广袤的大地上，以平民的身份，重新开始了一段新的生活。

有胜者就有败者，有人崛起就有人没落。这一次次的胜利与失败，一次次的压迫与反抗，推动着历史不断向前。

武

"武"字中的战争观

身处和平年代的人们总是谈战争色变，事实上，人类的发展从来离不开战争。天下合久必分，分久必合，每次的大变革总需要一场战争来实现，哪怕在和平年代，许多国家也总是会用尽各种资源来为战争做准备。为了族群的利益，自然界的生物无时无刻不在进行着各种战争，同样，在人类漫长的历史中，战争也不在少数。

战争某种程度上确实促进了文明的发展，战争史某种程度上体现的也是人类科技与智慧的发展史。只是，尽管如此，我们也必须反对战争。

从商朝甲骨文到周朝史书，我们能看到一次教科书式的战争观转变。

甲骨文中的"武"字写作 ↑，一边是兵器戈，一边是人的脚步，就好像一个士兵拿着笨重的兵器，一步一步向敌人迈去的样子。"武"最初的意义，纯粹指的是用武力去讨伐。

商人崇尚武力到了一个可怕的地步。商王们好"武"，不断地致力于扩大疆土面积，四方征讨，再加上一些时候不得不应战，导致商朝几百年的统治中，战争几乎从没有停止过。打完夷方打巴方，打完巴方打龙方，还有土方、羌方、盂方、下危等。

根据学者们对甲骨文内容的分析，光武丁时期打过的仗至少有几十场。这也反过来导致商王的"武功"越来越受到推崇，庙号冠以"武"的商王就有好多位，武父乙、武丁、武乙、文武丁、文武帝乙……

我们熟悉的帝辛（商纣王）更是大规模地对外用兵。《左传》中有"纣之百克，而卒无后"的说法，意思是纣王有着百战百胜的战绩，最终却仍然没有好的结局。

战功赫赫，打仗一直在胜利，却为什么没有好的结局？

长年劳师远征之战，对国家农业经济的消耗巨大，而王宫里却依然饮酒作乐、建造宫室，不加以节制。商王因一场场战争的胜利更加自以为是、自视甚高，忽视那个曾经的西方小国周方的崛起，也听不进许多有识之士的意见，导致当时的太师、少师、内史等许多官臣选择出奔至周。对方士气满满、虎视眈眈，推出了一系列广纳贤士甚至招降敌人的政策，这边却还沉浸在"我最厉害"的美梦中，民心丧失、矛盾重重。

一个国家的灭亡，并非一朝一夕之事。商朝的危机四伏其实早有征兆。周武王发起的那场牧野之战，犹如压垮骆驼的最后一根稻草。仅一天的时间，胜负已见分晓，纣王眼见大势已去，最终选择返于鹿台自焚而死。明明自己的兵力更多，为何却落得如此下场？不知站于鹿台之时，商纣王是否会思索这个问题的答案。

商灭亡之后，周朝吸取了商朝的教训，传承了商朝大部分文化的同时，也做了一些关键的改变。那时，人们对"武"字似乎已经有了不同的解释。《左传》中有一句关于"武"的讨论，说"止戈为武"，意思是止息兵戈才是真正的武。这样的思想被人所宣扬，成了当时记于史册、受人推崇的一种正统价值观，真正的"武"不是发动战争打赢别人，而是要让战争停止。

体现类似观念变化的不只有"武"字。甲骨文中的"正"字写作𗀗，下面部分也是人的脚步，上面方方正正的指国家城池。迈着脚步向一个城池进发，是要做什么？没错，征战。"正"是"征"字的初文，最初指的是征伐，后来才引申出了纠正、正义的意思。

为什么会这样？因为人们逐渐开始产生一种共识，征伐之战得是正义的，不能随随便便凭一己之私去征伐别人，否则将会受到人们的指责与讨伐。我们可以看到，先秦文献中对不正义之战的批判比比皆是。微言大义的《春秋》中，不同目的的战争用不同的名词来表示；孟子直言发动不正义之战的都是不仁义之人；墨家也反对战争，讲兼爱、非攻。

而"止戈为武"的观念也一直延续到了后世，别说官方打仗要师出有名，各个武术门派也不能随便打，得正义。

当然不可否认的是，在历史发展进程之中，有很多人利用了"止戈为武"的观念，表面上正义，私底下利益，巧立名目地发动战争，就像孟子批判说"春秋无义战"。但我相信，这个观念与准则至少是个威慑与束缚，是推动文明的一次进步。

战争若能推动人类进步，背后必定需要一次次的革新与反思，自省与约束。

我们不正是因为这一次次的革新与进步，才得以携着这伤痕累累又光辉灿烂的文化，一步步走到今天吗？

商朝人怎么看待死亡？

在现在许多人的心中，人死了似乎就是归于消亡、归于虚无。越来越多的人把丧俗看得很轻，平日不会多想死亡相关的事，但越不想，死亡便越像一座大山一般，压在许多人的心头。

在我们文明发展的初始阶段，人们有着属于它自己的死亡矛盾，一面无比重视死亡，一面又极度轻视死亡。

"伸""电""神"，为啥长得这么像？

申

我们祖先是怎么想到要把死去的人放进棺材埋进地里的？那些冗杂繁复的葬礼仪式，又是怎么产生的？

想象一下，人们刚开始学会思考时，会想些什么问题？恐怕最为好奇的不外乎两大问题：一个是大自然的力量从哪里来，一个是人死后将到哪里去。

不同的文明各自为这两个问题给出过自己的答案。商文明里，人们认为另有一个属于神鬼的世界，那里的神鬼能影响这个世界的我们。大自然的力量便来自神灵，人死后也将去往那里。

许多甲骨文字里，就隐藏着这样的观念。

有个甲骨文写作 $\oint$，它很神奇，代表了我们现在常见的四个字。首先看它的字形，就像天空中闪电弯曲的形态，这是象形字"申"。没错，最初用来表示闪电的是"申"字。

而闪电常常在天空中快速伸长蔓延开来，伸长的"伸"，字形最初也来源于此。后来，"申"被借用作了地支，同音假借，结果一借不还，表闪电义的

"申"，就只能加上了意符"雨"，成了"電"。

我们可以想象一下，3000年前的古人看到天空中电光闪烁，会是什么感觉？大自然神秘的力量，神威力的展现，让人敬畏崇拜。因此，后来人们给表示神秘力量的"申"字加上了意符"示"，成了现在的"神"字。

这也是为什么申、电、神、伸四个字长得如此相像，𤕙这个甲骨文背后，蕴含着商人对于神与自然关系的理解。

"帝"字也是类似，甲骨文写作𣂈，𣂈是"不"字，指花萼房或子房，也指花蒂，𠂤是收丝绳器，表示控制。整个字形以控制植物生长繁殖来会天帝的意思。甲骨卜辞中常有提到"帝"或"上帝"，指的就是天帝。这位帝可太厉害了，卜辞里是这么说的：

帝

不

贞：帝不降大熯？九月。【贞问：帝不会降下大旱吧？九月。】（《合集》10167）

贞：今十一月帝不其令雨？二告。【贞问：十一月帝不会号令下雨吧？二告。】（《合集》5658正）

贞：翼癸卯帝其令风？【贞问：下一个癸卯日帝会号令刮风吧？】（《合集》672 正》

辛亥卜壳贞：伐舌方，帝受 [我祐] ？【辛亥日占卜，壳贞问：攻伐舌方国，帝会保佑我们吗？】（《合集》6273）

……侑于帝五臣有大雨？【向帝的五位臣子举行侑祭，会降下大雨吗？】（《合集》30391 ）

没错，帝不但能号令刮风下雨，能降下大旱，还拥有着左右战争胜负的大权。在商朝人眼中，帝掌管着自然万物，是一位至高无上的天神，而帝的意志，则是要帝廷的五个臣吏和其他一些神灵去执行的。

在商人的世界观里，天帝能号令一些其他神。最后一条卜辞里提到的"帝五臣"，即帝廷的五个臣吏，指的是风神、云神、雨神、日神、四方神。

最具典型的"风"，甲骨文写作𦏤，是一只凤鸟的样子，和"凤"字同用一个字形。在商人眼里，万物皆有灵。风从何处来？风过风来。美丽的神鸟舞动着巨大的翅膀划破天空，展翅飞过之处，便带来了风。

商人的世界观，迷信之中也隐含着一份浪漫与美好。

那听上去让人害怕的"鬼"呢？鬼字，甲骨文写作𤵸，像是人身鬼面的样子。何为鬼？《礼记》说："众生必死，死必归土，此之谓'鬼'。"人死后归于土地和自然，便成了鬼。

商人认为鬼是人死后的存在形态，它和自然神灵一样拥有无形的力量，因此也被认为是神灵，受到商人的祭祀。当时的人们觉得借助一定的仪式与方法，就可以和那个世界的神鬼进行沟通。占卜是一种，祭祀也是一种。

而那个世界常被人称为"冥"。"冥"字甲骨文写作，像是人用双手探摸山洞的洞壁，古人以此来表示幽深之意。在他们心中，人死后的世界便也是这样，黑暗、模糊、幽深，难以探寻。

当人们学会思考、开始拥有文明后，一套关于世界的价值体系就产生了。死亡并不是归于虚无，只是在另一个地方以另一种形式存在，人们自然而然开始重视死亡，葬礼文化也随之产生并丰富。

"吊"字甲骨文写作，像是人身上缚着某样东西。《说文解字》说："吊，问终也。古之葬者，厚衣之以薪。从人持弓，会驱禽。"意思是说，吊是慰问死者的意思，古代葬人，把尸体放在荒野里用柴薪盖着，怕有禽兽，送丧的亲友就会带着弓箭帮助驱赶。

这样的葬人方式，从"葬"字中也能看出端倪，甲骨文"葬"字常写作，人埋葬于竖穴之中，也有的写作，人掩埋于草莽之中，现在"葬"字的上

冥

吊

下部分就是由草莽（ⵘ）演化而来。为什么会有两种写法呢？这也是丧葬方式在发展演变中留下的痕迹。

最初，人死后就像茲字一样被置于荒野之中，和其他动物一样，在自然中腐烂。后来，人们开始像匭字一样，去世后被埋葬在土穴里，腐朽之后归于土地。这既是因为鬼神观念的形成，大概也是由于人情的发展，人们不再忍心亲人的身体在山野之中被鸟兽啃食。再后来，人们越来越重视死后世界的地位与生活，墓葬便越来越隆重。从商到周，丧葬逐渐形成了一套复杂的礼仪体系。

王后的葬礼

公元前 12 世纪的某一天，一场大战归来后的王后妇好正病重在床，奄奄一息。此前，商王武丁已用烧热的荆条灼烧龟甲占卜，向上天询问了妇好的病情。伴随着"卜"的一声，龟甲钻凿处破裂，显示出清晰的纹路，结果似不太吉。

王宫内多次举行了为妇好祈福祛灾的祭祀。某次，商王打算用猪和羊向父亲小乙进行祭祀，祈求为妇好祛除疾病，占卜询问应该用五头羊还是十头羊？又一次，商王增大了祭品用量，打算用十头羊、十个俘虏和十头小猪为妇好举行祛除疾病的祭祀。

己卯卜壳贞：御[妇]好于父乙，盭羊又豕曹十宰？（《合集》271 正）

□□[卜]壳贞：御妇好于父[乙]，盭羊又豕曹[五宰]。（《合集》271 正）

贞：御妇好于父乙，盭宰又穀曹十宰十㝵穀十？二告。（《合集》702 正）

祭祀过后的某天，妇好还是逝于床榻，享年三十余岁。

王宫内，人们暂且压抑起心中的悲痛，紧锣密鼓地筹备着王后的葬礼事宜。有人为她沐浴修整，穿衣覆衾，口中含玉；有人开始向各处报丧；有人正一件件挑选准备着殉葬用品；有人正精心雕琢着木棺的最后一处细节。

王后已死的消息，不多久便满城皆知。人们为之悲伤，为之祭祀，这位英勇的王后曾南征北战庇护一方，她只是去往了另一个世界，她将继续护佑着大邑商。

"丧"字甲骨文写作 🥀，中间部分是桑树，以桑为声，围绕着桑树的是一张张咧嘴哭喊着的"口"。丧，是当时丧礼上的一种习俗，人们为逝去的人放声大哭，也就是后来说的哭丧。丧，也是长满整棵大树，生根发芽的悲痛。遗体入殓，吊丧之时，人们压抑在心中的悲伤终可尽情地开花结果，然后放肆发泄，彼此蔓延，响彻王城的上空。

丧礼过后是下葬之礼。贞人此前已选定吉日，日中时分，送葬的队伍

丧

便浩浩荡荡地出发了。巫师、祭司、王室贵族、小臣、奴隶……

洹河南岸，顿时黑压压一片。

这里是妇好家族墓的所在地，位于王宫边缘。此刻，这片平时鲜有人至的地方，聚集了上百人，庄严肃穆。

妇好之墓，早已选定建成，南北长 5.6 米，东西宽 4 米，深 7.5 米。棺椁入墓，棺内洒满朱砂，以让灵魂顺利离开躯体；椁内摆放了精致的玉礼器，那是能与神灵沟通之物。妇好生前经常使用的那枚玉鞢也放在其中，那是她射箭时戴在手上用来勾弦的玉扳指。可以看到这玉鞢已经磨损十分严重，妇好平时使用它射箭的频率一定很高。还有一把 9 公斤重的虎纹铜钺也让人印象深刻，这是妇好生前使用的武器。妇好虽是女子，力量却着实不容小觑。

墓室内共整齐摆放了 468 件青铜器，755 件玉器，564 件骨器，还有海贝 6800 多枚。这些器物的亡灵都将深埋墓中，跟随妇好去往另一个世界。

殉葬的人也正一个个进入墓内，有的视死如归，有的瑟瑟发抖，有的满脸麻木。先是 1 人殉葬在棺椁下的腰坑，接下来是8人殉葬在棺外椁内，然后2人被安放在东壁龛中，1人在西壁龛中，又有4人被埋在棺椁上部的土壤之中，总共16人。

最后墓室门徐徐关闭，一抔抔的黄土掩埋了逝者，掩埋了墓室，也掩埋了英勇与痛苦，爱恨与回忆。

目前发现的商代墓中，妇好墓的墓室规格仅次于商王墓葬。

封土完毕之后，有时还有迎死者灵魂安放宗庙的礼仪。妇好下葬不久，墓上就盖起了宗庙。也正是因为这些地上建筑，妇好墓千年间一直没有被盗，至今还是唯一保存完整的商代王室成员墓葬。

人们会将妇好的神主摆放在宗庙之中，以迎接妇好的灵魂安住。

然后，一场对妇好的盛大祭礼会在这里举行。如果穿越到现场，你可以看到牛、羊、猪、酒等祭品盛放在青铜礼器中，依次陈列在宗庙前，巫师戴着特制的面具在一旁随着音乐起舞。这是因为商人认为青铜礼器能够通神，巫师也能在特殊的礼乐和舞蹈之中沟通另一个世界的灵魂。灵的繁体字"靈"下面部分是"巫"的原因也在这里。人们希望妇好的灵魂能够顺利离开躯体来到宗庙神主之中，以无形的力量继续保佑着商人。

此后每年，妇好都将受到商王室的祭祀。

有时，人们会找一个活人代替死去之人接受祭祀，这样的人被称为尸。"尸"字甲骨文写作↑，字形就像是尸代替死去之人受祭时的姿势。

《礼记》中有说："夏立尸而卒祭，殷坐尸。"意思是夏代扮演尸的活人是站立着受祭，而殷商扮演尸的活人是坐着受祭。《仪礼》中也有记载："祝迎尸。"

尸

郑玄注解说，上古时候，一些孝子祭祀先祖，看不到亲人的形象，心中没有寄托，就会让活人静止不动扮演尸主，代替祖先接受祭祀。

尸的选择也有讲究，谁来担任，是要经过占卜来决定的。[1] 而担任者的身份标准，根据《仪礼》和《礼记》的记载，男性先祖的尸得为男性，女性先祖的尸得为女性，男性之尸最好选择同姓贵族的嫡子，女性之尸则要取异姓女子，并且任尸者必须有贵族身份血统，连养子也不行。

后来人们画祖先神像或立牌位来祭祀，很可能也是由这样的祭俗发展演变而来。

肉身虽死，灵魂不灭，妇好虽然已经逝去，但在商人们的心里，她依然存在着。在商朝灭亡之前，她都一直活在商人们的心中，每年祭祀先祖的日子，便是一代代的人念起她的日子。

---

1 晁福林. 卜辞所见商代祭尸礼浅探 [J]. 考古学报，2016(3) .

千万无名墓葬

一些大型墓葬，我们能从墓葬规格、青铜铭文等蛛丝马迹中探寻墓主人的身份，而大多数墓葬，隐匿在黄土之下，生也无名，死亦无名。由于各种原因，它们在千年后重见天日。这些墓葬中，也许没有名字，但同样有着许多故事。

商代主要流行家族葬，就是把族中死去的亲人们都安葬在一处，让他们在另一个世界能够有所依靠，不至于成为孤魂野鬼，受外鬼欺负。

但也总有一些例外。

商代早期的偃师商城，有不少死者被埋葬在城墙内侧的道路之下，大多以仰身直肢的姿势。小小的竖穴土坑里，有的只有一具空空的身体，有的摆放了一件陶、骨或是石制的随葬品，也有的摆放了大大小小十几件随葬品，还有四座墓葬里有着铜制和玉制的随葬品。看来当时普通平民之间的贫富差距也不小。

这些埋葬方式被称为路土葬或是环城墓。冉宏林认为，这类墓葬的形成是因为墓主生前居住在城墙附近，死后就近择高而葬。其中有几座墓葬让人印象深刻。

编号为 1996 Ⅱ T11M19 的墓葬坑里躺着一具女性尸体，年龄在 40 岁上下，骨盆处还有一具胎儿骸骨。这位墓主人正是死于分娩之时。当时医疗条件不发达，一次难产，就能轻易让一名女子失去生命。40 岁的年纪已经是高龄产妇，生育的风险更大。这位墓主人怀上孩子后细心呵护，怀胎十月，本以为是解脱，却没想到不幸恰好降临到了她的头上，分娩的过程出乎意料地艰难。一次次地痛苦挣扎，直到最后用尽了力气，她也没能让孩子成功探出头来。家人们想尽办法却束手无策，最终只能在时间的一点点流逝中看着母子失去生命。家人们想必也伤心欲绝吧，只能竭尽所能地为母子俩举办了一场丧葬之礼，在墓中随葬了一些炊器和盛储器，希望他们在另一个世界能顺顺利利，没有痛苦。

编号为 1996 Ⅱ T11M25 的墓葬坑里埋葬着一位成年女性，右手紧紧怀抱着一个婴儿，这对母子大概是遇上了什么意外事件，导致两人双双遇难。编号为 1997 Ⅳ T53M47 的墓葬的主人是双手被反绑在身后掷入墓坑的，他想必也是遇上了什么事，最终被人害死。

还有一座早期墓葬里满是打碎的陪葬品。这位墓主人坚信着万物有灵，器物碎了，它们的亡灵便也能随着墓主人去往另一个世界。

有墓葬的毕竟是受人记挂的，而有些埋葬人的地方根本称不上是墓葬。殷墟有着广阔的祭祀场所，那里的祭祀坑中常常混乱地掩埋着一层又一层的尸骨。这些人一般是战争中被抓获的俘虏或奴隶，被商人当作祭牲献给了鬼神。

"祭"字里，就凝固了商人祭祀的画面。"祭"甲骨文写作 ， 是甲骨文里的手形， 是甲骨文里的"肉"字， 和 中间的小点代表血滴。整个"祭"字，就是以用手拿着带血的肉，来表示祭祀的意思。

我们现在举行葬礼时常常看到的"奠"字，最初其实也和祭祀礼仪有关。"奠"字甲骨文写作𠄟，像是盛酒的祭器安置在祭台上的样子。只不过秦汉以后，人们就习惯把葬前的礼仪称为"奠"，葬后的称为"祭"。

祭

商代的街头巷尾，常能看到人们在祭祀自己的先祖，挖一个坑穴，摆一壶小酒，宰一头祭牲，祭祀祈福完后，就将祭牲埋入坑穴之中，或是和家人一起分食。也有的富裕人家会仿着王室用一个人牲来祭祀。殷商土地上就这样留下了一个又一个无名的墓葬，向我们无声诉说着那个时代的残酷。

商周的丧葬礼俗，除了一些比较残忍泯灭人性的，大多在汉唐得到了传承。宋代有所变化，却也是沿袭了商周的主要模式。明清时候发展得逐渐复杂，增加了许多烦琐的事宜，但背后的基本底色仍是商周的体系未变。

直到现在，我们很多地方依然有着小殓、报丧、守灵、丧宴、祭祖的丧葬习惯。这些我们平时习以为常的礼俗，实际皆已历经了几千年的传承与积淀。

可以说，葬俗的产生最初来源于我们祖先对世界的思考，对亲人离世的不舍与寄托，来源于人们心中最朴素和最强烈的情感。只是在后世逐渐被人们增加了一些烦琐的、程式化的内容，使得原本寄托情感的仪式反倒成为某种麻烦与累赘。

现在葬俗的简易化，在某种程度上也算是回归了传统，而我们恐怕也是需要那么一个颇具仪式化的礼仪，去领着我们思考与结束一段死亡在生活中留下的阴影吧。

商朝人为什么爱祭祀？

根据赵立新先生的研究，商代甲骨文中记录的祭名有 211 个。可以说，一年 365 天，商朝人几乎每天都在进行着各种各样的祭祀，时辰、地点、主持者、祭品、宰杀牺牲的方法……每个细节都很讲究。商朝人最常用的牺牲，有牛、羊、豕、犬，此外，还有人。

人祭

河南安阳武官村北，有一大片平坦的棉花地，如果用一个字概括这里，一定是"白"。

地上，柔软的白棉按时盛放，和天上大朵大朵的白云相互映衬。

地下，往下 30 厘米，是汉唐时期的土壤，里面藏着零星的陶瓷砖瓦，好像在不经意地掩盖着什么；再往下 20 厘米，蔓延整个地下的白就出现了，上千具白骨整齐地摆放在排列规则的长方形竖坑里，形态各异，大小不一。

这是殷商王朝王陵墓区的一部分。

20 世纪，考古学家们在殷墟发现了数以千计的祭祀坑。祭祀坑里大多埋的是人，少的只有一人，多的可以达到几百人，大多是男子，但也有不少女子和儿童；还埋了一些动物，包括牛、羊、猪、狗、马等各种类别。几千座祭祀坑连成一片，纵横有序地排列分布着，形成一个庞大的祭祀场，面积有十万平方米以上，差不多相当于十四个足球场。

而安阳武官村北的棉花地，曾经就是庞大殷商祭祀场的一部分。两百多座祭祀坑规则地聚集在此处，意味着，这片如今平平无奇的棉花地在3000 多年前，至少经历过几百场血的祭祀。

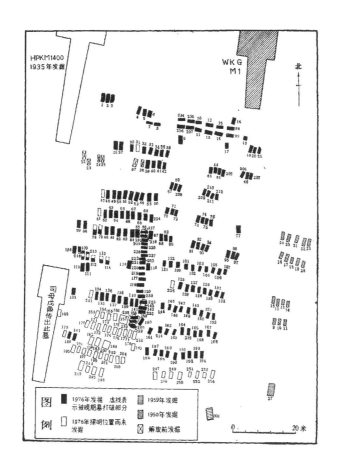

安阳武官村北祭祀坑分布图 [1]

---

1 中国科学院考古研究所安阳发掘队.安阳殷墟奴隶祭祀坑的发掘 [J]. 考古，1977(1).（本章图均源自该文，下文不再详注。）

棉花地的西北角上，有个 M39 祭祀坑，埋了 10 具男性青壮年的遗骨。这些遗骨都被砍去了头颅，有的颈椎上还留着下颚骨，有的甚至上下颚骨都还留着。可见当时实行砍头之刑的人，应该是站在这些奴隶的身后，其中几人估计刚开始接触这个工作不久，手法尚生疏。

M39 祭祀坑图

每一场重要祭祀前，商人都会先占卜询问鬼神各项事宜安排得是否满意，比如问问，祭牲用牛和羊是否合适？祭祀十个羌人五头羊可以吗？用砍头的祭法好呢，还是用火烧的祭法好？

于是，当时商王朝大大小小的祭祀都被记录在了龟骨之上。甲骨文里记录了上千场祭祀，这场祭祀，就是其中小小的一场。

会是五月甲寅日的这场吗？"甲寅，上甲祔，伐羌十？五月。"（《合集》41457）这是某年五月的一条卜辞，卜问的内容是：在甲寅日，向上甲举行祔祭，杀十个羌人作为祭品？

其中上甲指的就是上甲微，王亥之子，是商朝早期的君王，振兴商族，功劳显赫，受到殷人的隆重祭祀。

"伐"字甲骨文写作，就像是用戈架在人脖子上的样子，这是卜辞里常见的一种祭祀用牲手法。除了（伐），更为形象，兵器左边的人头身已然断离，指的是砍头。此外，常见的祭祀用牲方法还有 （卯），将动物祭牲对半剖开的祭祀方法；（沈），将动物祭牲沉入水中的祭祀方法；（燎），将祭牲

卯

沈

盟

放于木上以火烧的祭祀方法；⚲（盟），杀牲歃血的血祭方法；等等。

羌则写作个，指的是羌人，一个位于商朝西部的民族，部落众多。这是商朝的死对头，也是商的劲敌，双方常年战火纷飞。商人对羌的憎恨与蔑视遍布甲骨文，甲骨文里有这样一个字，在个（羌人）的身上束上了绳索，这个字和"羌"同义，有时候指的羌方国，字里字外展示的是商当时迫切想战胜羌国、结束战争的心思。有时呢，也特指用于祭祀的羌人。没错，战争中商人抓获的羌俘虏大多会被用作人牲。

羌人可以说是商朝用于献祭的主要人牲来源。甲骨文里有这样的字——，就是为了方便，将戈左边的"人"稍作变化成了"羌"，把"伐羌"两个字合成了一个。还有这样的字——，像是羌人俘虏被火烧的样子。

"甲寅，上甲袱，伐羌十？五月。"这句看似毫无情绪的卜辞，背后却波涛汹涌，是商人对自己祖先神深深的敬畏与虔诚，也是对敌人羌无法抑制的仇恨与憎恶。就像是动物世界两个为生存争斗的种群，在我方尽是含情脉脉，对你方只见獠牙利爪，不是你死便是我亡。

这样，再看 M39 祭祀坑里的十具无头骸骨，我们似乎就能在脑海中还原当时的场景。

一群人有秩序地伫立在先王宗庙前的空地上，一件件青铜礼器依次排列开，一旁的乐师奏起音乐，中间的巫师戴着面具跳起奇异的舞蹈，口中为先祖上甲微唱起祝词。他歌颂着先祖的功德，祈求伟大先祖能继续护佑大商，护我大邑商王朝强大，百姓丰饶，护我大邑商国家安定，子民吉祥。

商王和其他随行人员在一旁虔心聆听并祭拜着。

人群的外围，有一个经过精心测量挖掘的长方形祭坑，十个羌人正面对祭坑跪立着，他们脖子上系着绳索，背后站着一个个手持刀斧的商人士兵。其中两三个看起来尤为年轻稚嫩，表情略带紧张。

随着祭司一声令下，士兵们一齐举起手中的刀斧，手起刀落，血溅黄土。祭祀的音乐还在继续，人们将死去的人牲推入准备好的祭祀坑中，虔诚地重新盖上黄土。

沿着 M39 祭祀坑往北走几步，是 M6 祭祀坑。这里埋着七具青年女性遗骨，都有头骨和完整的躯体。她们的双手紧紧地交叉在一起，双脚也是一样，这说明生前她们的双手双脚都被绳索紧紧束缚着。

还有一些遗骨双手上举，颈椎扭转，一副挣扎的样子。从这些凝固的动作中可以推想出，那些人牲当时满是恐慌害怕，想要逃离却束手无策，最后死在了挣扎的一瞬间。这一瞬间就这样在黄土地下定格了几千年。

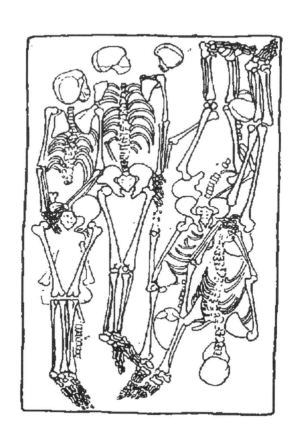

M6 祭祀坑图

甲骨文里有一个这样的字——𠬝，一个跪着的人被身后一只手控制着的样子，这是"𠬝"字，是"服"的初文，意思是平服、顺从，也常指用于祭祀的人牲。卜辞里有一个词"𠬝女"，便是指用来献祭给先祖的侍女人牲。

在商人的世界观里，这些死去之人的灵魂皆去往了另一个世界，在那里她们以另一种形式存在着，继续侍奉着自己的祖先。

那些双手被捆缚的女子们，却不一定坚信这样的观念，哪怕相信，此时此刻的痛苦也是真的，于是她们害怕得瑟瑟发抖、拼命挣扎。

七位青年女子，最终同样在祭祀的音乐与祷祝声中深埋黄土。

"七"是商人祭祀时常用的数字，"羌七""牛七""七白马"，等等，天上有七星，人心有七情，身体有七窍，七在人们心中有着神秘的意义。

除了七，卜辞里常见的祭祀数量还有十、十五、三十，这些祭祀用牲数量，也都在殷墟祭祀坑中得到了印证。

祭祀坑大多是长方形和正方形，也有极少数的圆形。武官村东南方向，有一地方名为后冈，1959 年，后冈南坡发现了一处震惊世人的圆形祭祀坑。

这个祭祀坑有整整三层，一共埋了人骨架 73 具，上层 25 具，中层 29 具，下层 19 具。他们多数是青年男子，也有几位依偎在一起的女性和儿童。这些人骨架相对来说姿势比较混乱，有的俯身，有的仰身，有的侧身，也有的蜷身，尸体上明显洒了很多朱砂粉。上层和中层人骨架之间的文化层，还发现有木炭、炭粒、烧过的骨头、贝壳以及丝麻织物等。中层有打碎的陶器，上层的人骨之间，埋有青铜礼器。

这些痕迹表明，这里曾经历过一场准备良久的盛大祭祀。

因为人牲过多，场面一度有些混乱。有的人毫无抵抗地面对着祭祀坑，被砍杀后抛入坑中；有的人绝望地挣扎，最后迎着刀戈，仰身倒入祭祀坑中。

第二轮杀牲结束的时候，祭祀者将31件陶器打碎在了坑中。和杀牲、火烧祭品一样，当时的人认为，破碎的陶器才能去往另一个世界。这一层填土完毕之后，人们先进行了一场火烧之祭，将一些祭牲、贝币、食物、衣裳等珍贵物品以火烧的形式献祭给祖先。这样的祭祀方法在甲骨卜辞里叫作"尞"，甲骨文写作，字形像是柴火堆成堆熊熊燃烧的样子。

第三轮杀牲结束后，祭祀者又将一些准备好的精致青铜礼器一同送入坑中献祭。然后就是最后一轮的填埋。马上接近尾声了，又是一场火烧之祭，大火烧尽了人们准备好的祭品，也烧红了土地，在此处遗留下了90厘米厚的块状红烧土层。

整场祭祀复杂又漫长，背后涉及巨大的人力物力。而像这样的祭祀坑，在殷墟还有许多。

黄土下掩埋了白骨，白棉又覆盖着黄土。几千年来，这些白骨的声响只有土地知道，它默默地听着、藏着这些秘密。直到一天有人无意间翻开了这本秘密之书，一层层的真相袒露开来。原来文明诞生初期，人们为了生存曾经历过那样一个残忍的阶段，幸而文明最终淘汰了这种残忍的习俗。大浪淘沙，文明不断更迭，违背社会发展规律的东西，终将湮没在历史长河之中，深埋地下。

为什么要祭祀？

"国之大事，在祀与戎"，国家的大事，重在祭祀和军事。商朝简直是这句话最好的注解，他们似乎不是在祭祀、打仗，就是在祭祀、打仗的路上。好久没下雨了，祭祀下；下太多雨了，祭祀下；生病了，祭祀下；要生孩子了，祭祀下；种庄稼了，祭祀下；庄稼丰收了，祭祀下；要打仗了，再祭祀下；没啥事，那也得按时祭祀下。

可以说，祭祀已经变成了商朝人一项宛如吃饭睡觉的日常工作。

商朝人到底为什么这么热衷于祭祀？他们又是怎样一步步从开始祭祀，发展到后来全年无休地祭祀的？

答案藏在两个甲骨文里。

第一个甲骨文写作 𝄞，在前面讲丧葬的内容里我们已经了解到，𝄞 是伸、电、神这三个字的来源，这个神奇的"𝄞"字所展现的，是当时的人对自然深深的崇拜。

3000 多年前的商代，人们对自然的认识还存在局限性，可为了生存，他们又迫切地想要认识自然、掌控自然。面对无情的自然，他们最终产生了一套属于他们的世界观：万物有灵，一切自然现象背后，皆有着一位负责操控的神灵。风神、云神、雨神、日神、四方神……这些神操控着天气的变化，影响着人的生产生活。

一项"和神灵交朋友"的工作就这样开展了起来，人们希望通过祭祀，

祖

屮

妣

让这些神灵少降下一些灾祸。

那难道商朝人一年 365 天，都在祭祀这些神？可为什么这些神在我们现代人的心中没啥存在感呢？

根据甲骨文的记载，这些自然神虽然很厉害，常常能决定庄稼收成好坏，进而决定人们的生死，且商人确实会祭祀他们。但是，在商人的众多祭祀当中，对这些自然神的祭祀是相对之下比例较少的。

原因就涉及我们要讲的第二个甲骨文，𝚨。这是"祖"字，在甲骨文里一般指男性祖先，女性祖先则用屮（妣）来表示，字形就像是一个屈膝屈手的女子之形。至于𝚨的本义具体指什么，还存在一定的争议，有说像男性生殖器之形，以表示男性祖先。不管怎样，到后世，"祖"已经可以用来兼指男女祖先。

后来"祖"的旁边加上了"示"字旁。示的甲骨文写作 Ｔ（或 𝕀 𝕀 𝕀 𝕀 Ｔ 等形），就像是一个神主的样子，类似于后来我们说的牌位。为去世先祖举行葬礼的时候，人们一般会将逝者灵魂请入宗庙神主，之后的祭祀仪式便都会对着先祖的神主进行。这样的习俗一直保留了下来，后世民间都会立神主来祭祀死者。

这也是为什么示字旁的字都和祭祀、祈福有关。比如"祝"字甲骨文写作𥘞，像是一个人对着神主张口祷告的样子。"祝"最初的意思就是祝祷，在祭祀时说一些美好的祝词，以表达我们的美好愿望。

祝

那么问题来了，为什么给"𠂤"加上示字旁呢？这是因为越到后来，祖先一词和祭祀的关系越紧密。

最初传说是因为上甲微思念父亲，于是他在成为商王之后，为了送别父亲的魂魄，创造了一套新的祭祀方法：戴着面具的通灵巫师，拿着法器，跳着舞蹈，在家中的各处驱赶、祭拜死去的灵魂。这便是"裼五祀"之礼，是典籍里记载的商人最早的一次对祖先的祭祀。

而伴随着人们对亲人的思念与对死亡的好奇，这样的祭祀也保留了下来，并且后来愈演愈烈。这也是为什么甲骨文里商人祭祀先王的祀谱，各个时期的各类祭祀首位都是上甲微。

慢慢地，商朝人产生了这样的生死观：人死了，不是消亡了，而是去往另一个鬼神的世界，那个世界的人，拥有影响这个世界的力量。

从此在商朝人眼中，自然神灵所在的那个世界，还存在着一个更为庞大的群体——死去的先祖。

"祖"是逝去的先人，是要常年祭祀的对象，而这个对象随着一代代王位的更换在日渐增加。

到后来，商朝人甚至有了"祭祀排期表"，几十位祖先，各种类型的祭祀，要在一年内都给进行个遍，于是他们制定了严格的周祭制度，轮流而又周而复始地祭祀成系列的先公先王先妣。[1]

这大概就是最早的族谱，没想到它的诞生是因为祭祀。

商朝的祭祀不仅费时，还是一件很耗费人力财力的事。有多夸张？能想到的好东西，商人大都用在了祭祀上。

肉是最常见的。"祭"字甲骨文写作 ，就是用手拿着肉准备献祭给祖先的样子，肉的旁边还滴着血滴，仿佛在昭示着这献祭之肉的新鲜。

肉的种类更是丰富，从供鬼神享用的牛、羊、猪、犬、鱼，到供鬼神使用或娱乐的马、猴、象、狐、鹰等。对生活在另一个世界的祖先，商人可谓百般呵护。毕竟在商人眼里，祖先过得好了，尚在世的人才有机会过得更好。

粮食以及盛装粮食的容器也很重要。"登"字甲骨文写作 、 、 、 、 等形， 在甲骨文里指脚， 在甲骨文里指手，整个字形表示用双手捧着"豆"器，一步步登台献祭的样子。青铜"豆"是常见的礼器，可

1 常玉芝.商代宗教祭祀[M].北京：中国社会科学出版社，2010：427.

以盛肉，也常用来盛禾、米等粮食。"登"在甲骨文里，常用来指一种向鬼神献享新米的祭祀，一般在丰收之时进行。祭祀时，王会手持新谷新米一步步登上宗庙台阶，向祖先展示并进献这一季丰收的成果。我们常说"五谷丰登"，"登"有"成熟、收成"的意思，原因就在于此。

登

此外还有酒、丝织品、贝币等各种能想到的当时的珍贵物品。当然，负责侍奉先祖的人也不能少，人祭也就这样来了。有时，商人甚至还会给先祖们配冥婚。生活的方方面面可谓都考虑到了。

自然神灵有自己的脾气，哪怕祭祀也不一定会眷顾我们，但另一个世界的祖先神，与我们血脉相通，他一定会在意他后代子孙的安危。人们将对先人的思念、对美好生活的期望，都投射在了祖先身上，对他们的祭祀，从最初的虔诚尝试到后来的愈演愈烈，最终成了一项国家的重要规章制度稳固下来，对于维系族群关系、保障社会规范发挥着重要作用。

只是在商朝中后期，商人对祭祀的重视程度似乎有些过了头，耗费了太多人力物力和时间，产生了适得其反的作用。

后来，周朝掩埋了商朝残忍的人祭，对祭祀制度做了改进，但仍保留了商朝的整个祭祀文化大框架。

直到今天，我们依然会在一些重要节日祭祀我们的先祖，只不过祭品大都是一桌丰盛的食物，或是烧些纸钱纸屋聊表心意。我们哪怕非常怀疑，祖先怎么可能会在另一个世界看着我们，但在祭祀时，还是忍不住虔诚地在心里道一句"希望祖先保佑"，当作一个美好的寄托。

有的地方的姓氏族谱，甚至可以追溯到几千年前的商周时代。一代又一代，能将几千年的时间浓缩在几叠纸中，这是人类才能有的壮举。

也正因如此，我们知道自己从来不是孤零零的一个人，我们之所以在这里，是前面千万祖先一代代一年年跨越山河跋涉而来。我们身上永远有着过去的影子，流着祖先的血液，看着族谱上各朝各代的一个个姓名，那里有多少引人遐想的故事啊。那些我素未谋面的亲人，他们会在另一个世界好好生活着吗？他们会遥望着这个世界的我，支持我拥抱我吗？

参考资料

1. 安志敏，江秉信，陈志达 .1958——1959 年殷墟发掘简报 [J]. 考古，1961(2).

2. 班固 . 汉书 [M]. 北京：中华书局，2012.

3. 暴希明 . 从甲骨文"姓""娶""妻"诸字的构形看古代婚姻形态的演进 [J]. 殷都学刊，2010(1).

4. 蔡革 . 从广汉三星堆祭祀坑出土文物看当时蜀人的服饰特征 [J]. 四川文物，1995(2).

5. 蔡哲茂 . 甲骨文中的《阿波卡獵逃》[J]. 甲骨文与殷商史 (新九辑)，2019.

6. 常耀华 . 由祖道刻辞说到商代的出行礼俗 [J]. 甲骨文与殷商史 (新一辑)，2009.

7. 常玉芝 . 商代宗教祭祀 [M]. 北京：中国社会科学出版社，2010.

8. 晁福林 . 卜辞所见商代祭尸礼浅探 [J]. 考古学报，2016(3).

9. 陈邦贤 . 中国医学史 [M]. 北京：团结出版社，2011.

10. 陈建敏 . 卜辞诸妇的身份及其相关问题 [J]. 史林，1986(2).

11. 陈梦家 . 殷虚卜辞综述 [M]. 北京：中华书局，1988.

12. 陈年福 . 甲骨文词义论稿 [M]. 上海：上海古籍出版社，2007.

13. 陈年福 . 实用甲骨文字典 [M]. 成都：四川辞书出版社，2019.

14. 陈年福 . 殷墟甲骨文摹释全编 [M]. 北京：线装书局，2010.

15. 陈年福 . 甲骨文词典 [M]. 未出版手稿，2024. 由作者提供 .

16. 陈炜湛 . 甲骨文田猎刻辞研究 [M]. 中山大学出版社，2018.

17. 陈翔 . 田猎与晚商王权秩序的制度演进 [J]. 史学月刊，2023(11).

18. 陈翔 . 殷墟骨笲的种类、源流与功能 [J]. 考古，2022(1).

19. 陈晓芬，徐儒宗译注 . 论语·大学·中庸 [M]. 北京：中华书局，2015.

20. 陈逸文 . 商代农业卜辞研究 [D]. 台湾政治大学，2007.

21. 董作宾 . 获白麟解 [J]. 安阳殷墟发掘报告，1930(2).

22. 段迪，方辉 . 史前至商代石磬研究 [J]. 中原文物，2023(6).

23. 杜金鹏 . 安阳后冈殷代圆形葬坑及其相关问题 [J]. 考古，2007(6).

24. 杜佑撰，王文锦，王永兴，刘俊文，徐庭云，谢方点校 . 通典 [M]. 北京：中华书局，2016.

25. 方建军 . 商周乐器文化结构与社会功能研究 [M]. 上海：上海音乐学院出版社，2006.

26. 方韬译注 . 山海经 [M]. 北京：中华书局，2022.

27. 方迎丹 . 甲骨卜辞灾咎用语研究 [D]. 浙江师范大学，2019.

28. 方勇译注 . 孟子 [M]. 北京：中华书局，2024.

29. 方勇译注 . 墨子 [M]. 北京：中华书局，2015.

30. 范祥雍 . 古本竹书纪年辑校订补 [M]. 上海：上海古籍出版社，2018.

31. 付丽红 . "医"字形体演变与巫、医社会职能的分化 [J]. 现代语文（语言研究版），2015(11).

32. 高华平等译注 . 韩非子 [M]. 北京：中华书局，2015.

33. 高移东 . 殷墟"戴枷奴隶陶俑"的定名 [J]. 大众考古，2023(1).

34. 耿超 . 性别视角下的商周婚姻、家族与政治 [M]. 北京：人民出版社，2017.

35. 耿鉴庭，刘亮 . 藁城商代遗址中出土的桃仁和郁李仁 [J]. 文物，1974(8).

36. 管锡华译注. 尔雅 [M]. 北京：中华书局，2014.

37. 韩建. 商代晚期卜辞中"灾咎"类词义系统研究 [D]. 吉林大学，2007.

38. 韩江苏，江林昌.《殷本纪》订补与商史人物徵 [M]. 北京：中国社会科学出版社，2010.

39. 何毓灵. 试论安阳殷墟孝民屯遗址半地穴式建筑群的性质及相关问题 [J]. 华夏考古,2009(2).

40. 何毓灵，赵俊杰. 殷墟贞人墓冠饰及相关问题研究 [J]. 江汉考古，2022(4).

41. 胡厚宣. 甲骨文所见商族鸟图腾的新证据 [J]. 文物，1977(2).

42. 胡厚宣. 甲骨文所见殷代奴隶的反压迫斗争 [J]. 考古学报，1976(1).

43. 胡厚宣. 中国奴隶社会的人殉和人祭 [J]. 文物，1974(7).

44. 胡睿，陈智奇. 盘龙城与夏商中原城邑的城垣宫殿格局比较 [J]. 中华建设，2019(1).

45. 黄天树. 黄天树甲骨学论集 [M]. 北京：中华书局，2020.

46. 黄天树. 甲骨文所见的商代丧葬制度 [J]. 文史，2012(4).

47. 黄天树. 殷墟甲骨文白天时称补说 [J]. 中国语文，2005(5).

48. 胡平生，张萌译注. 礼记 [M]. 北京：中华书局，2017.

49. 蒋薇. 中国古代吹管乐器溯源 [J]. 大众考古，2022(12).

50. 贾思勰著，石声汉译注，石定枎，谭光万补注. 齐民要术 [M]. 北京：中华书局，2015.

51. 孔德铭. 殷墟王都社会基层组织及性质探讨 [J]. 殷都学刊，2018(3).

52. 李伯森. 中国殡葬史（史前·先秦）[M]. 北京：社会科学文献出版社，2017.

53. 李龙海. 从商族的婚姻沿革及生活方式看商代的继承制度 [J]. 殷都学刊，2001(3).

54. 李瑞兰. 中国社会通史（先秦卷）[M]. 太原：山西教育出版社，1996.

55. 李时珍撰，赵尚华，赵怀舟点校. 本草纲目 [M]. 北京：中华书局，2021.

56. 李双芬. "玄鸟生商"神话及其历史定位 [J]. 殷都学刊, 2018(1).

57. 李松. 中国美术史（第 02 卷：夏商周卷）[M]. 北京：北京师范大学出版社, 2011.

58. 李岩. "命傅说视学养老"考辨 [J]. 古籍整理研究学刊, 2016(1).

59. 李学勤. 金文与西周文献合证 [M]. 北京：清华大学出版社, 2023.

60. 李学勤. 论"妇好"墓的年代及有关问题 [J]. 文物, 1977(11).

61. 李学勤. 论殷代亲族制度 [J]. 文史哲, 1957(11).

62. 林家骊注释. 楚辞 [M]. 北京：中华书局, 2019.

63. 刘向. 列女传 [M]. 江苏：江苏古籍出版社, 2003.

64. 逯宏. 周代殷商礼乐接受研究 [M]. 北京：中国社会科学出版社, 2013.

65. 陆玖译注. 吕氏春秋 [M]. 北京：中华书局, 2022.

66. 罗琨. 商代战争与军制 [M]. 北京：中国社会科学出版社, 2010.

67. 罗琨. 殷商时期的羌和羌方 [J]. 甲骨文与殷商史 (第三辑), 1991.

68. 玛格丽特·麦克米伦. 战争：人性、社会与被塑造的历史 [M]. 长沙：岳麓书社, 2023.

69. 马继兴. 台西村商墓中出土的医疗器具砭镰 [J]. 文物, 1979(6).

70. 彭邦炯. 商史探微 [M]. 重庆出版社, 1988.

71. 彭林译注. 仪礼 [M]. 北京：中华书局, 2023.

72. 乔建中. 中国古代音乐史 [M]. 上海：上海音乐学院出版社, 2009.

73. 丘山代. 殷人不会盗掘殷人墓葬的证据 [J]. 南方文物, 2019(5).

74. 裘锡圭. 甲骨卜辞中所见"田""牧""卫"等职官的研究 [J]. 文史, 1983.

75. 裘锡圭. 裘锡圭学术文集（甲骨文卷）[M]. 上海：复旦大学出版社, 2012.

76. 桑栎, 陈国梁. 偃师商城几种丧葬习俗的探讨 [J]. 考古, 2017(4).

77. 沈培. 关于古文字材料中所见古人祭祀用尸的考察 [J], 古文字与古代史, 2012(3).

78. 石慧 . 中国农业的四大发明：大豆 [M]. 北京：中国科学技术出版社，2021.

79. 史凌 . 殷商祭祀文化浅谈 [J]. 文物鉴定与鉴赏，2023(8).

80. 司马迁 . 史记 [M]. 北京：中华书局，2022.

81. 宋镇豪 . 商代婚姻的运作礼规 [J]. 历史研究，1994(6).

82. 宋镇豪 . 商代社会生活与礼俗 [M]. 北京：中国社会科学出版社，2010.

83. 宋镇豪 . 商代乐器说略 [J]. 海南大学学报（人文社会科学版），2023(4).

84. 宋镇豪 . 殷墟甲骨占卜程式的追索 [J]. 文物，2000(4).

85. 宋镇豪 . 中国风俗通史 [M]. 上海：上海文艺出版社，2001.

86. 孙亚冰，林欢 . 商代地理与方国 [M]. 北京：中国社会科学出版社，2010.

87. 汤超 .20 世纪以来商周服装的研究 [J]. 南方文物，2023(3).

88. 汤余惠 . 商代甲骨文中的"丙"和"两" [J]. 史学集刊，1991(2).

89. 唐际根，汤毓赟 . 再论殷墟人祭坑与甲骨文中羌祭卜辞的相关性 [J]. 中原文物，2014(3).

90. 童思正 . 谈甲骨文字↑并略论殷代的人祭制度 [J]. 四川大学学报（哲学社会科学版），1980(3).

91. 涂世斌 . 论商代的天人关系——以人祭祈雨为例 [J]. 天府新论，2020(3).

92. 王贵民 . 试论商代的社会和政权结构 [J]. 中州学刊，1986(4).

93. 王国维 . 宋元戏曲史 [M]. 上海：上海古籍出版社，2019.

94. 王俊涛 . 吹管乐器"龠"刍议 [J]. 艺术评鉴，2023(12).

95. 王克林 . 试论我国人祭和人殉的起源 [J]. 文物，1982(2).

96. 王坤鹏 . 商夷战争与商王朝军事机制研究 [J]. 中华文化论坛，2021(1).

97. 王丽霞，何艳杰 . 从考古资料看商代城邑人的生产和生活方式 [J]. 西北大学学报（哲学社会科学版），2003(1).

98. 王力 . 中国古代文化常识 [M]. 北京：后浪出版公司，2010.

99. 王苹 . 妇好墓出土人像及相关问题探讨 [J]. 博物院，2018(5).

100. 王慎行. 卜辞所见羌人的反压迫斗争 [J]. 考古与文物，1992(3).

101. 王世舜，王翠叶译注. 尚书 [M]. 北京：中华书局，2015.

102. 王炜，张丹华. 商朝滋味——商代墓葬中的饮食遗存 [J]. 大众考古，2019(4).

103. 王晓俊，汪亚. 近百年来龢的研究述评 [J]. 南京艺术学院学报（音乐与表演），2023(2).

104. 王秀梅译注. 诗经 [M]. 北京：中华书局，2015.

105. 王矛，王亚蓉. 广汉出土青铜立人像服饰管见 [J]. 文物，1993(9).

106. 王宇信，徐义华. 商代国家与社会 [M]. 北京：中国社会科学出版社，2011.

107. 王宇信，张永山，杨升南. 试论殷墟五号墓的"妇好" [J]. 考古学报，1977(2).

108. 王元朝. 人祭习俗商盛周衰原因新探 [J]. 宝鸡文理学院学报（社会科学版），2011(6).

109. 王震中. 商代都邑 [M]. 北京：中国社会科学出版社，2010.

110. 韦心滢. 殷代商王国政治地理结构研究 [M]. 上海：上海古籍出版社，2013.

111. 巫称喜. 甲骨文所见商代教育传播研究 [J]. 惠州学院学报 (社会科学版)，2009(1).

112. 肖航译注. 白虎通义 [M]. 北京：中华书局，2024.

113. 肖楠. 安阳殷墟发现"易卦"卜甲 [J]. 考古 ,1989(1).

114. 萧欣浩. 从甲骨文看商民的烹食文化 [J]. 扬州大学烹饪学报，2009(4).

115. 邢昊. 从甲骨文看商代饮食文化概况 [C]// 2012 西南地区语言学研究生论坛论文集 . 重庆：重庆师范大学 文学院，2012.

116. 许进雄. 许进雄古文字论集 [M]. 北京：中华书局，2010.

117. 许进雄. 中国古代社会 [M]. 上海：上海人民出版社，2023.

118. 徐山. 释"告" [J]. 长安大学学报 (社会科学版)，2004(3).

119. 许慎著，段玉裁注. 说文解字注 [M]. 上海：上海古籍出版社，2010.

120. 许慎著，汤可敬译注. 说文解字 [M]. 北京：中华书局，2018.

121. 徐正英，常佩雨译注 . 周礼 [M]. 北京：中华书局，2023.

122. 杨宝成 . 安阳武官村北地商代祭祀坑的发掘 [J]. 考古，1987(12).

123. 杨升南，马季凡 . 商代经济与科技 [M]. 北京：中国社会科学出版社，2010.

124. 杨天才译注 . 周易 [M]. 北京：中华书局，2022.

125. 姚春鹏译注 . 黄帝内经 [M]. 北京：中华书局，2022.

126. 原媛 . 从汉字看中国古代战争观 [J]. 军事历史，2017(5).

127. 于省吾 . 甲骨文字诂林 [M]. 北京：中华书局，1996.

128. 张秉权 . 甲骨文中所见的数 [J]. "中央研究院" 历史语言研究所集刊，1979.

129. 张舜徽 . 说文解字约注 [M]. 湖北：华中师范大学出版社，1983.

130. 张炜 . 商代医学文化史略 [M]. 上海：上海科学技术出版社，2010.

131. 赵丛苍，曾丽，祁翔 . 医学考古学视野下的商周军事医疗救治初探 [J]. 考古与文物，2022(4).

132. 赵立新 . 甲骨文中所见祭名研究 [D]. 中国社会科学院，2003.

133. 赵容俊 . 甲骨卜辞所见之巫者的医疗活动 [J]. 史学集刊，2004(3).

134. 中国科学院考古研究所安阳发掘队 . 安阳殷墟奴隶祭祀坑的发掘 [J]. 考古，1977(1).

135. 左丘明，杜预注 . 左传 [M]. 上海：上海古籍出版社，2016.

.